essentials

essentials liefern aktuelles Wissen in konzentrierter Form. Die Essenz dessen, worauf es als „State-of-the-Art" in der gegenwärtigen Fachdiskussion oder in der Praxis ankommt. *essentials* informieren schnell, unkompliziert und verständlich.

- als Einführung in ein aktuelles Thema aus Ihrem Fachgebiet
- als Einstieg in ein für Sie noch unbekanntes Themenfeld
- als Einblick, um zum Thema mitreden zu können

Die Bücher in elektronischer und gedruckter Form bringen das Expertenwissen von Springer-Fachautoren kompakt zur Darstellung. Sie sind besonders für die Nutzung als eBook auf Tablet-PCs, eBook-Readern und Smartphones geeignet. *essentials:* Wissensbausteine aus den Wirtschafts-, Sozial- und Geisteswissenschaften, aus Technik und Naturwissenschaften sowie aus Medizin, Psychologie und Gesundheitsberufen. Von renommierten Autoren aller Springer-Verlagsmarken.

Weitere Bände in der Reihe http://www.springer.com/series/13088

Andreas Seitz

Durch die Krise führen

Die transformative Kraft einer
Pandemie

Andreas Seitz
Be in touch GmbH
Köln, Deutschland

ISSN 2197-6708   ISSN 2197-6716   (electronic)
essentials
ISBN 978-3-658-31024-0   ISBN 978-3-658-31025-7   (eBook)
https://doi.org/10.1007/978-3-658-31025-7

Die Deutsche Nationalbibliothek verzeichnet diese Publikation in der Deutschen Nationalbibliografie; detaillierte bibliografische Daten sind im Internet über http://dnb.d-nb.de abrufbar.

Planung/Lektorat: Nora Valussi
Springer Gabler ist ein Imprint der eingetragenen Gesellschaft Springer Fachmedien Wiesbaden GmbH und ist ein Teil von Springer Nature.
Die Anschrift der Gesellschaft ist: Abraham-Lincoln-Str. 46, 65189 Wiesbaden, Germany

Was Sie in diesem *essential* finden können

Wir befinden uns im Transformationszeitalter. Organisationen und ganze Volkswirtschaften sind im tief greifenden Wandel begriffen. Dieses *Essential* zeigt Ihnen, welche Chancen und Risiken Krisen – aktuell die Covid-19-Pandemie – für diesen Wandel mitbringen. Und wie es aus Führungssicht gelingen kann, die Kräfte der weltweiten Krise für die Gestaltung der Zukunft zu nutzen. Neben der Betrachtung von Chancen und Gefahren illustrieren Modelle, Prozesse und Erkenntnisse aus unterschiedlichen Disziplinen wie Führungskräfte die transformative Kraft der Krise nutzen können. Der Fokus reicht dabei von der gesellschaftlichen Bedeutung der Transformation bis zu individuellen Formen der Wirksamkeit, um einerseits die Krise zu managen, andererseits aber auch das transformative Momentum von Krisen zu verstehen und zu nutzen.

Vorwort

Egal wie viel Lockdown es wirklich gebraucht hat, um dem SARS-CoV-2-Erreger wirkungsvoll zu begegnen. Es steht fest, dass viele Menschen von Covid-19 und den Folgekrisen betroffen sind und sein werden. Deshalb zählt jetzt vor allem unser Mitgefühl mit denen, die besonders leiden. Gleichzeitig lehrt das Virus vor allem Ländern der Ersten Welt: Nichts ist für die Ewigkeit, alles unterliegt ständigem Wandel – auch wenn wir ihn nicht wahrnehmen oder verdrängen. Vielleicht haben wir einfach vergessen, dass die gesellschaftliche, politische und ökonomische Stabilität keine Selbstverständlichkeit ist. Covid-19 setzt vieles außer Kraft, was Alltag war, deshalb sehnen wir uns nach dem #nextnormal. Aber wie weit ist das noch entfernt – und wird die alte Normalität überhaupt wieder möglich?

Aus meiner Sicht ist es jetzt entscheidend, gemeinsam eine fruchtbare Kultur der Krise zu entwickeln, um die Chancen zu nutzen, die Covid-19 bietet. Denn gerade wenn Gewohnheiten aufgebrochen werden und Annahmen und Pläne für die Zukunft von jetzt auf gleich wegfallen, ergeben sich ungeahnte Gestaltungsmöglichkeiten für die Zukunft. Wir sind die einzige Spezies, die sich durch seine kollektive Intelligenz in großen Gruppen jederzeit neu organisieren kann. Und wenn man mit Menschen über die Krise spricht, ist neben vielen Sorgen und Nöten auch der Wunsch unüberhörbar, dass sich etwas Grundlegendes ändert.

Dieses Kurzbuch stellt meine Ideen vor, wie wir diesen Wandel gestalten können und welche Rolle der Führung in Organisationen dabei zukommt. Es ist eine Schlüsselrolle. Denn mit der Bereitschaft, diese Rolle bewusst auszufüllen und sich persönlich zu wandeln, wird Transformation erst möglich. Entstanden sind diese Ideen in vielen Gesprächen mit Kolleginnen und Kollegen, Kunden und Partnern, denen ich für den Input und die Anregungen von Herzen danke.

Danke an den SpringerGabler-Verlag für die schnelle Umsetzung. Und an mein Team bei Be in touch, meine Schwester Renate für die inhaltliche und moralische Unterstützung sowie an meine Familie, die mich im Autoren-Lockdown im Lockdown ertragen hat.

Inhaltsverzeichnis

Die Covid-19-Krise

Mit der Kurve tanzen – das ist weltweit eines der Leitmotive, seitdem alle Länder versuchen, die Wucht der Covid-19 Exponentialfunktion einzudämmen. Und zugleich steht diese Metapher für die besonderen Merkmale dieser Krise. Zum einen dafür, dass die Krise bis zur Durchführung von Massenimpfungen nicht wirklich lösbar ist. Selbst eine erfolgreiche medizinische Behandlung der schwersten Fälle müsste zu einer 95 %igen Heilungsaussicht führen, um den Tanz auszusetzen[1]. Zum anderen steht sie für den kollektiven Tanz, an dem ausnahmslos alle auf diesem Planeten teilnehmen – von den indigenen Völkern im Amazonasbecken bis zum deutschen Mittelständler auf der Schwäbischen Alb. Wenn der Buddhismus annimmt, dass alle Dinge auf dieser Welt eine gegenseitige Wechselwirkung haben, liefert uns Covid-19 den Beweis dafür. Zumal in Verbindung mit Covid-19 nicht mehr nur von *einer* Krise gesprochen werden kann, sondern von einer ganzen Reihe von bedrohlichen, gefährlichen oder nachhaltig negativ wirkenden Entwicklungen die Rede sein muss: Die Wirtschaftskrise, die Finanzkrise, die Bildungskrise, die psychoemotionale Krise, sehr wahrscheinlich auch die Ernährungskrise in Ländern der Dritten Welt etc.

Ab Mitte des 14. Jahrhunderts wütete die Pest in Europa. Die Krise war mannigfaltig: Machtkämpfe und Kriege sowie Hungersnöte durch die kleine Eiszeit des Mittelalters verstärkten die Auswirkungen der Krankheit und erzeugten ein Klima kollektiver Angst. Der Wanderprediger Geiler von Kaysersberg schlussfolgerte deshalb von der Kanzel des Straßburger Münsters: „Das Beste, was man tun kann, ist an seinem Platz zu bleiben, den Kopf in ein Loch zu

---

[1]Bill Gates, Co-Gründer der Bill &Melinda Gates-Foundation auf www.gatesnotes.com.

© Der/die Herausgeber bzw. der/die Autor(en), exklusiv lizenziert durch Springer Fachmedien Wiesbaden GmbH, ein Teil von Springer Nature 2020 A. Seitz, *Durch die Krise führen,* essentials, https://doi.org/10.1007/978-3-658-31025-7_1

stecken und sich zu bemühen, die Gebote Gottes zu befolgen."[2] Die Menschheit ist heute zum Glück weiter. Wir wissen, dass erfolgreiche Bewältigungsstrategien eher der Fußballerregel „Kopf nach oben" folgen – also die Gesamtsituation in Blick zu behalten und Möglichkeiten zu erkennen, statt angstvoll auf den Ball zu starren. Covid-19 erfordert von Führungskräften, einen kühlen Kopf zu bewahren, den Tunnelblick zu überwinden und gemeinsam nachhaltige Lösungen zu entwickeln. Hierbei kommt uns die Stärke der Zusammenarbeit zugute, die wir als Menschheit in den unterschiedlichen Bereichen des akademischen, ökonomischen und gesellschaftlichen Handelns entwickelt haben.

Besondere Aufmerksamkeit verdient in den kommenden Monaten die Frage, wie sich die Werte verschieben. Wird die Krise dazu führen, dass wir unter dem Druck und den verschiedenen Risiken einer zweiten und dritten Infektionswelle auf grundlegende Bedürfnisse zurückfallen? Zählen dann in erster Linie Überleben, die Zugehörigkeit zu einer abgeschlossenen Gruppe und die Durchsetzungsstärke Einzelner? Oder sehen wir jetzt den Moment gekommen, wo wir endgültig verstehen, dass eine Krise dieser Größenordnung in einer globalisierten Welt nur durch Kollaboration lösbar ist und uns dabei gerade die Tatsache in die Karten spielt, dass wir in allen Disziplinen global eng vernetzt sind? Das bedeutet konkret: Von anderen Ländern lernen, interdisziplinäre und globale Zusammenarbeit für die Entwicklung von Covid-19-Therapien und eines Impfstoffs anstrengen, gemeinsame Lösungen für die Wirtschaftskrise und die Eindämmung einer Finanzkrise finden. Und hoffentlich Solidarität in der ersten Welt zu zeigen, um den drohenden Covid-19-Tsunami dort einzudämmen, wo er auf ärmere Länder und Regionen zurollt.

Eigentlich verbietet es die Tragik der Pandemie, durch die viele Menschen ihr Leben verlieren, von einer transformativen Kraft zu sprechen. Aber als Geschäftsführer und Gründer eines Unternehmens bin ich von den Covid-19-Auswirkungen selbst betroffen – und sehe tatsächlich große Chancen in der Krise. Und damit bin ich nicht alleine. Barrett Values Center, eine auf die Messung von Organisationskulturen und Führungsmindsets spezialisierte Beratung, hat im April 2020 weltweit Führungskräfte in Organisationen befragt, welche Werte im Verlauf der Krise aus ihrer Sicht maßgeblich geworden sind. Die Ergebnisse der Covid-19 Culture-Erhebung sind ermutigend und zeigen: Ja, die Krise ist eine Heraus-

---

[2]Jean Delumeau, *Angst im Abendland,* Die Geschichte kollektiver Ängste im Europa des 14. bis 18. Jahrhunderts.

forderung und wir wollen überleben. Aber wir richten unseren Blick auch auf das, was durch die Krise möglich wird und zum Gemeinwohl in der Zukunft beiträgt.[3]

Die UNO hat mit den 17 Nachhaltigkeitszielen die Themen benannt, die dabei im Mittelpunkt stehen – der Klimaschutz zum Beispiel als eines der wichtigsten in der öffentlichen Debatte mit enormen Auswirkungen auf die Regulierung in der Wirtschaftspolitik und die Nachhaltigkeitsstrategien der Industrie (E-Mobilität, grüne Wasserstoffproduktion etc.). Eine repräsentative Umfrage der Kommunikationsberatung Kekst CNC im April 2020 ergab jedoch, dass nur noch 8 % der Deutschen dem Klimaschutz die höchste Priorität einräumen.[4] Haben sich die Werte durch die Krise also schon so weit verschoben, dass einige Transformationsprozesse verlangsamt werden oder wir beispielsweise in Bezug auf die Gleichberechtigung im Beruf „bestimmt drei Jahrzehnte verlieren", wie es die Sozialwissenschaftlerin Jutta Allmendinger formuliert hat?[5]

Ich gehe davon aus, dass wir am Anfang der Krise stehen und das Interesse vorherrscht, bei den jetzt notwendigen Änderungen und Neuerungen die großen Fragen unserer Zeit zu berücksichtigen. Ich bin voller Hoffnung, dass uns das gelingt, wenn wir mutig und entschlossen weitergehen. Es liegt in unserer Hand, wie das Ergebnis am Ende aussieht. Wenn wir eine fruchtbare Kultur der Krise entwickeln, durch die wir angesichts der Not und trotz aller Ungewissheiten in der Suchbewegung stetig nach vorne schreiten, werden wir in zwölf bis 24 Monaten viele Lösungen sehen, an die heute keiner von uns gedacht hat. Ich möchte Führungskräfte dazu ermutigen, die Krise als Chance zu nutzen und das Beste daraus zu machen. Denn es steht viel auf dem Spiel: Unsere Gesundheit, die Zukunft von Unternehmen, unsere gesamte wirtschaftliche Existenz, die Werte unserer freiheitlichen Grundordnung und das ökologische Gleichgewicht unseres Planeten.

---

[3]Barrett Values Center, Global Covid-19 Culture Assessment, Online-Umfrage im April/ Mai 2020.

[4]Zweite Internationale COVID-19-Umfrage von Kekst CNC, Repräsentative Umfrage im Zeitraum vom 27.04 bis 01.05.2020.

[5]Jutta Allmendinger in der Talkshow *Anne Will* vom 03.05.20020.

Die Kraft der Krise – Jetzt Zukunft gestalten

Phase 1 von Covid-19 startete mit einer Disruption. Der Lockdown hat uns gezwungen, in Rekordtempo auf Remote Work umzusatteln. Das Homeoffice wurde millionenfach zum Dreh- und Angelpunkt von Wirtschaft, Verwaltung und Schulen. Wenn es also einen spürbaren Beweis dafür gibt, dass die Pandemie den Wandel vorantreibt, dann die zig Millionen Stunden vor Zoom, Teams, Hangouts, Webex und anderen Medien. „Wir haben in zwei Monaten umgesetzt, was in den vier Jahren zuvor nicht geklappt hat," sagte Anfang Mai 2020 der Standortleiter eines mittelständischen Unternehmens. Und eine HR-Leiterin: „Wo viele vorhergesagt haben, ‚geht nicht', merken wir jetzt: klappt super." Dafür sorgte ein Dreiklang aus #stayhome, funktionierenden Systemen und den Leitungsvoraussetzungen, die wenige Jahre zuvor wahrscheinlich nicht ausgereicht hätten. Was das für die Menschen im Home Office bedeutet, ist differenzierter zu betrachten. Zunächst haben die meisten rasch verstanden, welche Knöpfe gedrückt werden müssen, um ein virtuelles Meeting durchzuführen. Die Vermischung der Rollenwelten von Beruf und Privat führte aber auch zu psychoemotionalen Belastungen und teilweise zu Überforderungen, die eine genauere Auswertung dieser ersten Phase nötig machen. Dennoch: laut Umfragen planen viele Unternehmen, das Remotemodell mit in die Zukunft zu nehmen und über einen Verteilungsschlüssel sinnvoll zwischen Homeoffice und Präsenz auszubalancieren. Am Ende wird das Beste aus beiden Welten rauskommen und durch den weiteren technologischen Wandel noch raffinierter werden. Das ermöglicht eine höhere Produktivität und neue Arbeits-/Lebensmodelle. Weitere Aspekte der Transformation sind: Wie nutzen wir in Zukunft Büroraum? Wann sind physische Begegnungen und damit auch das Reisen sinnvoll? Und wie bilden wir uns weiter? Die Liste der Möglichkeiten ist lang.

© Der/die Herausgeber bzw. der/die Autor(en), exklusiv lizenziert durch Springer Fachmedien Wiesbaden GmbH, ein Teil von Springer Nature 2020
A. Seitz, *Durch die Krise führen*, essentials,
https://doi.org/10.1007/978-3-658-31025-7_2

Das gleiche gilt für Schulen und Unis, in denen die Lockdown-Erfahrungen die Bewegung weg vom starren Klassenmodell und Frontalunterricht hin zur angeleiteten Projektarbeit und der Wissensvermittlung über digitale Plattformen ermöglicht. Auch wenn die Frage, wie bildungsferne Familien und Haushalte in dieser Bewegung mitgenommen werden können, noch nicht beantwortet ist, geht der Wandel auch im Bildungsbereich weiter. Für alle Bereiche gilt: Wann brauchen wir persönliche Begegnungen im Kontext von Arbeit und Schulen? In welchem Ausmaß ist der soziale Aspekt einer Schulgemeinschaft stärker zu gewichten als der funktionale? Bei Kindern und Jugendlichen ist eine gesunde Entwicklung ohne die Begegnung mit Gleichaltrigen nicht denkbar. Lernen und Entwicklung brauchen eine vertrauensvolle Beziehung zu Lehrern und Mentoren. Wie viel Campusleben brauchen Studierende? Immerhin ist physische Nähe das biologische Grundprinzip unserer Schöpfung. Da sich Entwicklung unser ganzes Leben fortsetzt, brauchen wir als soziale Wesen Beziehungen und das Feedback unserer Umwelt. Welchen positiven Einfluss haben Städte, in denen Netflix und Co. das kulturelle Leben abgelöst haben? Es wäre ein ungeheurer Verlust von Vielfalt, persönlicher wie gesellschaftlicher Auseinandersetzung und sinnlicher Erfahrungen. Bei all dem taucht die Frage auf: Wie viel Begegnung brauchen wir in Zukunft? Der Kölner Psychologe Stephan Grünewald sieht Covid-19 auch als Chance, den „Reichtum des Analogen" wieder zu entdecken.[1]

Einen spürbaren Schub durch Covid-19 erfahren Geschäftsmodelle, deren Online-Anteil steigt. Der Onlinehandel boomt in der Krise. Und das nicht nur im B2C-Bereich. Der Stahlhändler Klöckner, einer der Champions digitaler B2B-Plattformen, vermeldete eine 35 %ige Steigerung des Onlineabsatzes im ersten Quartal 2020. Virtuelle Kommunikation ersetzt Reisen, Streamingdienste das Kino. Große Offline-Händler – das zeigt die Ankündigung von Karstadt Kaufhof, fast 50 % aller Kauhäuser zu schließen – tun sich noch schwerer als vor der Krise. Und selbst wenn nach Covid-19 einige alte Gewohnheiten zurückkehren, wird sich die Transformation in vielen Bereich mit hohem Tempo fortsetzen.

Und es gibt Überraschungen. Laut Bitkom-Umfrage haben im April 2020 zwei Drittel aller Händler in Deutschland online und offline verkauft – darunter viele lokale Einzelhändler bis hin zu Tante Emma-Läden. Geschenkgutscheine vom Friseur, elektronische Bestellungen im Kiosk. Selbst Schreibwaren-händler sprechen ihre Kunden im Netz an. Der digitale Wandel des Handels ist in die Breite gegangen. Und fast 70 % der Deutschen war wichtig, Händler aus

---

[1]Stephan Grünewald, Live Stream auf Spiegel Online am 15.04.2020.

der Nachbarschaft zu unterstützen. Das widerlegt zunächst die These, dass die Onlineriesen die Kleinen verdrängen.[2] Dieses Kaufverhalten deutet auf eine mögliche Werteverschiebung hin: lokal statt global.

Ebenso erstaunlich und ohne Covid-19 undenkbar war die schnell einsetzende Diskussion über die Sinnhaftigkeit globaler Lieferketten. Das Fehlen von Schutzmasken und anderer medizinischer Ausrüstung war einer der Auslöser, ein anderer die Unterbrechung der Lieferketten nach dem frühen Lockdown in China, durch die ganze Produktionen lahm gelegt wurden.

Und auch das ist Teil der Transformation durch Covid-19: Big Data und digitale Vernetzung kommen plötzlich als potenzielle Lebensretter in der Mitte der Gesellschaft an. Die Tracing App zur Rückverfolgung möglicher Infektionsketten führte uns vor, welche Dilemmata der digitale Fortschritt gleichzeitig mit sich bringt. Der potenzielle Nutzen (Schutz von Leben, Verhinderung eines weiteren Lockdowns) geht mit dem Black Box-Verdacht der zentralen Datenspeicherung einher. Und mit der Frage, wie meine gespeicherten Bewegungs- und Kontaktdaten in Zukunft genutzt werden. Die Debatte darüber, was wie stark zu gewichten ist, wird sich in Zukunft fortsetzen – in Organisationen, Schulen und im öffentlichen Leben. Vor allem, weil durch Covid-19 der Bedarf an noch besseren Algorithmen erkannt wurde, die in sich schnell verändernden Umwelten zuverlässige Vorhersagen und damit schnellere Entscheidungen ermöglichen. Dieses Spannungsfeld der zukünftigen Datenkultur erleben wir jetzt in komprimierter Form.[3]

2.1 Zeitenwende oder Rückfall?

Stimmt in Anbetracht all dieser Hochgeschwindigkeits-Veränderungen die Aussage von Christiane Woopen[4], der Vorsitzenden des Deutschen Ethikrates: „Wir stehen vor einer Zeitenwende"? Für Christian Schmidkonz, Professor für internationale BWL an der Munich Business School, besteht zumindest eine große Chance darin, eingefahrene Abläufe und zukünftige Pläne aufgrund der Pandemie komplett zu hinterfragen: „Erstmal rückten zumindest zu Beginn der Pandemie beinahe weltweit ökonomische Aspekte als Entscheidungsgrundlagen für Politik

---

[2]Bitkom Research 2020.
[3]McKinsey, 15.05.2020.
[4]In Maybrit Illner am 14.05.2020.

und Wirtschaft in den Hintergrund und menschliche Faktoren in den Vordergrund." Aus seiner Sicht werden Unternehmen, die sich darauf einlassen, innerlich gestärkt aus der Krise hervorgehen. „Themen, die die Lebensqualität und das Überleben der Menschheit betreffen, werden stärker berücksichtigt. Entscheidend ist hierbei jedoch, alle Mitglieder der Gesellschaft und hier insbesondere die wirtschaftlich Gefährdeten und gesundheitliche Risikogruppen mitzunehmen." Vor allem, weil Covid-19 zur Spaltung der Gesellschaft führen könne, wenn zu viele auf der Strecke blieben.

Bei allen Chancen und Risiken steht fest: Der Wandel durch Covid-19 geht deutlich über Remote Work und #stayhome hinaus. Christiane Woopen sieht deshalb die Notwendigkeit, dem Wandel auch eine innere Richtung zu geben: „Der moralische Kompass der Ethik ist in Zeiten wie diesen besonders wichtig".[5] Nach welchem Norden werden wir diesen Kompass ausrichten? Richtung Solidarität, globale Zusammenarbeit und nachhaltigen Lösungen? Oder Richtung Abspaltung, Schließung, Selbstbezug und unsolidarischem Gegeneinander? Darüber braucht es zwangsläufig eine Auseinandersetzung in allen Bereich der Gesellschaft. Zeitenwenden sind mit der Chance, aber auch mit der Notwendigkeit verbunden, unser Handeln an anderen Werten ausrichten, um eine tragfähige Zukunft für alle zu ermöglichen. In den ersten Monaten der Pandemie wurden in Politik, Wirtschaft und Gesellschaft deutlich mehr Stimmen laut als nach der Lehmann-Pleite 2008, die genau das forderten. Alle Teile der Gesellschaft in diesen Wandel mitzunehmen heißt aber auch, genau zu differenzieren welche unterschiedlichen Standpunkte wichtiger Teil der Debatte sind und wer die Debatte sozusagen als Trittbrett für extreme Positionen oder Verschwörungstheorien nutzt.

Für Unternehmen ist die Krise eine Chance zur Innovation. Und dies in mehrfacher Hinsicht. Zum einen brauchen wir in vielen Kleinigkeiten kurzfristige Lösungen, die vorher nicht existiert haben. Allein die Tatsache, dass wir den Exit aus dem Lockdown in den kommenden Monaten oder vielleicht Jahren immer wieder neu überdenken und planen müssen, erfordert Kreativität, Erfindergeist und neue Lösungsräume – immer davon abhängig, wo wir im Tanz mit der Kurve stehen. Für Organisationen bildet sich im Kern des Krisenmanagements ein Spannungsfeld heraus, das wir schon in der Finanzkrise 2008/2009 und in anderen Krisen davor beobachtet haben. Zum einen stellt die angespannte Finanzlage viele vor die Herausforderung, durch kurzfristige Maßnahmen Kosten zu

---

[5]Interview mit Christiane Woopen, Frankfurter Rundschau, 25.03.2020.

sparen – dazu werden Entlassungen und Schließungen gehören. Zum anderen bieten Krisen die Chance, gezielt in Innovation zu investieren und heute darüber zu entschieden, wie eine Organisation in Zukunft dasteht. Und die Vorbereitungen auf die Zeit danach haben längst begonnen. Siemens-Vorstandschef Joe Kaeser sprach sich schon zu Beginn der Pandemie für Innovationen im Bereich nachhaltiger Technologien aus, in die jetzt gezielt investiert werden müsse.[6] Gleichzeitig kritisierte er, dass die EU$_{bisher}$ die Pandemie lange nicht als Chance genutzt habe, eine gemeinsame wirtschaftspolitische Position zu finden.[7] Vielleicht ist es eines der Merkmale der Covid-19-Pandemie, dass unterschiedliche Stakeholder an die transformative Kraft der Krise glauben. Aus der Politik, von Wirtschaftsvertretern, von Aktivisten sind klare Äußerungen zu vernehmen, dass es jetzt in die Zukunft gerichtete globale Lösungsansätze braucht, um die großen Herausforderungen der Menschheit zu lösen (Klimawandel, Artensterben, Ernährung der Weltbevölkerung, soziale Ungleichheit etc.). Nach der Finanzkrise 2008/2009 wurden Abwrackprämien eingeführt, um die Automobilindustrie in Schwung zu bringen. Davon haben sich in der jetzigen Krise bereits früh einige Politiker und Entscheider aus der Wirtschaft distanziert – ein Zeichen für die Verschiebung von Werten. In einem Gastbeitrag für die Süddeutsche Zeitung empfahlen die Wirtschaftsweisen: „Es gilt nicht allein die Nachfrage zu stärken, sondern zugleich den Strukturwandel sinnvoll zu unterstützen. Insbesondere sollte sich die Politik nicht unter dem Einfluss einzelner Branchen zu einer Vielzahl an branchenspezifischen Maßnahmen, wie etwa einer Kaufprämie für Fahrzeuge, verleiten lassen, die tendenziell bestehende Strukturen verfestigen, ohne eine durchschlagende konjunkturelle Wirkung zu erzielen."[8]

Eine Studie von *Venture Idea* zeigt, dass Unternehmen auch in der konjunkturell und finanziell schwierigen Phase nach der Lehmann-Pleite 2008 weiter konsequent in Forschung, Innovation und die Entwicklung der Mitarbeitenden investiert haben. Im Vergleich zu anderen Unternehmen, die ihren Fokus auf Restrukturierung, Kostensenkung und Personalabbau setzten, standen diese Unternehmen nach der Krise deutlich besser da. Es hängt also von der Entscheidung ihrer Führung ab, ob sich Organisationen langfristig mit Innovationsinitiativen in Stellung bringen.

---

[6]Joe Kaeser in *ARD extra* am 12.05.2020.
[7]Interview mit *Reuters* am 19.05.2020.
[8]Gastbeitrag der Wirtschaftsweisen in der Süddeutschen Zeitung am 22.05.2020.

Aber wie weit reicht die Kraft der Transformation? Covid-19 kam zu einem Zeitpunkt, als die Weichen in Richtung nachhaltiger, umweltverträglicher und ressourcenschonender Technologien und Lösungen bereits gestellt waren und in der Debatte über die Zukunft des Freien Handels eine Werteverschiebung unüberhörbar wurde. Zumindest hat sich die Investorenwelt über Initiativen wie dem *Business Roundtable* in USA oder der *Value Balancing Alliance* unter Beteiligung deutscher Konzerne auf diesen Weg gemacht. Flankiert von vielen andere Initiativen und Bewegungen wie *B-Corp, Conscious Capitalism,* dem *European Green Deal* oder dem von Noam Chomsky geforderten *Green New Deal.* Einer der *Consious Capitalism*-Gründer, Raj Sisodia, hat als Wirtschaftsprofessor am *Babson College* eine Studie vorgelegt, laut derer nachhaltig wirtschaftende Organisationen zwischen 1996 und 2011 wirtschaftlich signifikant bessere Ergebnisse erzielten als der S&P 500 Durchschnitt.[9] Die Werte, an denen sich Unternehmen orientieren, waren schon vor Corona im Wandel, und möglicherweise wird das Ausmaß der Coronakrise die Notwendigkeit nachhaltiger, globaler Lösungen noch stärker in den Mittelpunkt rücken. Es hängt maßgeblich von den Entscheidern ab, ob das passieren wird oder nicht.

Bedeutet die Zeitenwende gar den Abgesang auf den Kapitalismus? Eine Art Zwangskatharsis, die alle alten Gewohnheiten verschwinden lässt, wie es die ZEIT im April 2020 formuliert hat? Hier gilt es zwischen ideologischem Wunschdenken und der Erkenntnis derer zu unterscheiden, die lange in den alten Gewohnheiten gearbeitet haben und an deren Limitierungen gestoßen sind. Die Läuterung wird so betrachtet durch Covid-19 beschleunigt, eingesetzt hat sie schon lange vorher.

Erforderlich ist, Handlungs- und Reaktionsmuster zu erkennen, die eher auf kurzfristiges Brändelöschen ausgerichtet sind als die Organisation strategisch neu auszurichten. Schwerpunkte zu setzen, die auf Dauer Wettbewerbsvorteile bringen und einen Beitrag zur Lösung der globalen Herausforderungen leisten. Eine Krise erfordert immer schnelle Bewältigungs-strategien, um handlungsfähig zu bleiben, *und* langfristige Weichenstellungen für die Zeit danach. Damit besteht das Risiko, durch schnelle Lösungen zwar das Überleben der Organisation zu sichern, aber wichtige Kräfte zu verlieren, die für einen sinnstiftenden Beitrag in der Zukunft notwendig sind – erfahrene Fachkräfte und gut ausgebildete, motivierte Mitarbeiter werden dafür auch in Zukunft dringend gebraucht, durch

---

[9]Rajendra Sisodia, Jagdish N. Sheth, and David Wolfe, Firms of Endearment: How World-Class Companies Profit from Passion and Purpose, second edition, Upper Saddle River, NJ: Pearson Education, 2014.

Stellenabbau für lange Zeit aber verloren gehen. Corona verändert zwar vieles, die demografische Herausforderung der Alterspyramide bleibt uns auch mit der Herdenimmunität erhalten.

Es gibt eine ganze Reihe von Modellen und Theorien, die sozusagen als Blaupausen für langfristiges Denken und nachhaltige Entscheidungen geeignet sind. Sie alle ermöglichen Organisationen, Widersprüche lange genug in der Schwebe zu halten und öffnen dadurch Lösungsräume auf Ebenen, die vorher nicht absehbar waren. Deshalb lohnt sich ein genauerer Blick auf die Dynamik von Krisen dieser Größenordnung und auf ein anwendungsorientiertes Modell der Nachhaltigkeit.

2.2 Veränderung beschleunigt Lernen

Der Beginn der Krise in Europa verlief nach dem ersten Lockdown in Italien und ähnlichen Maßnahmen in vielen europäischen Ländern ab Mitte März 2020 durchaus nach dem linearen Muster, das auf der von Elisabeth Kübler-Ross modellierten Trauerverarbeitung fußt und in Organisationen als Changekurve bekannt ist (siehe Abb. 2.1). Auch wenn psychodynamische Prozesse nicht

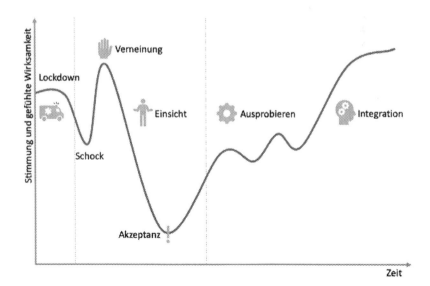

Abb. 2.1 Be in touch GmbH nach Kübler-Ross

linear und immer abhängig von individuellen Entwicklungen verlaufen, sind einige Koordinatenpunkte im Kübler-Ross Modell auf den Verlauf der Pandemie anwendbar. Die Leugnung der Existenz zu Beginn der Krise, verbunden mit dem Gefühl, dass Covid-19 wie die erste SARS-Epidemie 2003 maximal die asiatische Welt beträfe, endete mit der abrupten Konfrontation, dass Schulen, Betriebe und Verkehrswege geschlossen wurden – in der Kurve als Frustration und Stimmungsabsturz gekennzeichnet. Die anfängliche Begeisterung für die vermeintliche Fortsetzung der Normalität in Zoomkonferenzen war wahrscheinlich der Beweis uns selbst gegenüber, dass uns die Pandemie nichts anhaben kann. Auch wenn die Forderung nach Einhaltung von Grundrechten ein Muss ist: Vermutlich steckte auch in dem mit den Lockerungen lauter werdenden Protest, die Politik möge schnellstmöglich den Zustand der Normalität wiederherstellen, eine Portion Nichtwahrhabenwollen.

Was heißt das für die Führung? Zunächst einmal tief im Bewusstsein zu verankern, das die Changekurve nicht abzukürzen ist. Sie wirkt nunmal – ob wir wollen oder nicht – auf der emotionalen Ebene. Umso größer ist dadurch die Chance, Menschen auf diesem Weg des Wandels und der Veränderung zu begleiten, ihnen Halt zu geben und durch Führungspräsenz in die Lernbewegung zu bringen, in der Menschen das Erlebte verarbeiten und neue Erfahrungen durch Lernschleifen in ihren persönlichen Reifeprozess integrieren. Mit dem Ergebnis, gestärkt aus der Krise hervorzugehen. Trauerprozesse zeigen hier tatsächlich Parallelen zu Transformationen, die durch ähnliche Zwischenereignisse und Gefühlslagen gekennzeichnet sind: Leugnung („Das Neue kommt nicht so schnell", „ohne klassischen Vertrieb kauft der Kunde nichts"), Trauer über den Verlust alter Gewohnheiten bis zum Herantasten und Experimentieren mit dem Neuen, um es schließlich als positive Lernerfahrung abzuspeichern und künftig als neue Gewohnheit anzuwenden.

2.3   Theorie U – Transformation gestalten

Ein inzwischen gängiges Modell Ist die Theorie U – in der Anwendung auch Prozess U – von Otto Scharmer (siehe Abb. 2.2). Theorie U ermöglicht sozusagen den Vorstoß ins kollektive Unbewusste und öffnet unter Einbindung unterschiedlicher Perspektiven und Ressourcen Lösungsräume weit jenseits der Kognition. „Von der Zukunft her führen" nennt Otto Scharmer diese Vorgehensweise. Ins Unbekannte vorstoßen, ungelöste Zustände in der Schwebe zu lassen ohne den Lösungsrahmen vorzubestimmen oder durch Zielvorgaben einzuengen. Erfordern die Ungewissheiten der Pandemie nicht genau das? Scharmers Prozess in U-Form

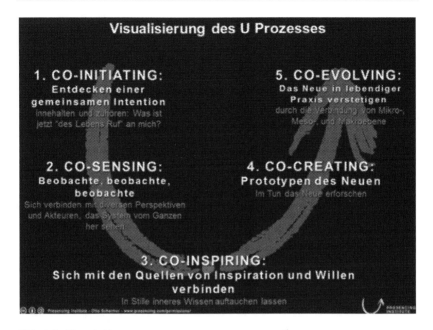

Abb. 2.2   Theorie U

beschreibt fünf aufeinanderfolgende Prozessschritte. Am unteren Scheitelpunkt liegt das Presencing, das gemeinsame Schöpfen aus dem Unbewussten, indem wir uns über unsere Intuition verbinden und erst allmählich Optionen entwickeln, aus denen am Ende des Us über konkrete Lösungen entschieden wird, hinter denen alle am U-Prozess Beteiligten stehen. Dadurch werden zwei typische Muster außer Kraft gesetzt: Zum einen die Reproduktion von Lieblingslösungen, die sich zwar in der Vergangenheit bewährt haben, der Komplexität des Moments aber nicht gerecht werden. Zum anderen aber auch heroische Einzel-Entscheidungen durch Manager, die ihre Funktion genau darin sehen: als Führungskraft die beste Lösung zu liefern. Der U Prozess erlaubt Organisationen, Gruppen und Communities, in die langfristige Lösungsorientierung zu kommen.

Warum ist das in Covid-19-Zeiten nützlich, sogar notwendig? Ganz einfach: Die Krise verstärkt den Drang, Probleme schnell aus der Welt zu schaffen. Auch wenn dies für die kurzfristige Krisenbewältigung nötig scheint, verhindert es nachhaltige Lösungen. Krisen erzeugen Stress und Bedrohungsgefühle. Dadurch sind wir nur eingeschränkt handlungsfähig – Flucht, Angriff und Starre sind in dieser Situation die häufigsten Reaktionsmuster. Das Presencing der Theorie U hingegen hat den gegenteiligen Effekt. Durch das beziehungsvolle Miteinander des U-Prozesses werden Menschen kreativer und kommen in eine gemeinsame Veränderungsbewegung. Dadurch erzeugt der U-Prozess seine transformative Kraft.

Als Eselsbrücke zur Theorie U hilft uns ein alter Bekannter: Das Eisbergmodell aus der Psychoanalyse von Sigmund Freud. Dort verbergen sich unterhalb der Wasseroberfläche unbewusste und unterbewusste Anteile unserer Persönlichkeit, mit denen wir im alltäglichen sozialen Miteinander und durch ritualisierte Verhaltensmuster (z. B. Begrüßungen, Small Talk) in der Regel nicht in Berührung kommen. Der U-Prozess ermöglicht uns sozusagen den Zugang zu unseren inneren Einstellungen, Gefühlen, Werten und Glaubenssätzen. Otto Scharmer spricht im Zusammenhang mit seiner Theorie U von sozialen Gefäßen, die auch die Funktion haben, kognitive und emotionale Intelligenz mit der Intuition zu verbinden. Dadurch entsteht ein tief greifender Dialog zwischen den Menschen und die Chance, sowohl die Zukunft der Organisation als auch ihren Beitrag für die Bewältigung zukünftiger Herausforderungen neu zu denken.

Fallbeispiel Theorie U

Ein Innovationsführer im Technologiebereich ist global erfolgreich. Der Innovationsvorsprung vor der Konkurrenz schmilzt jedoch. Deshalb sollen die Innovationszyklen verkürzt und die Innovation selbst nachhaltiger sein. Die Organisation beschließt, die crossfunktionale Zusammenarbeit zwischen Regionen zu stärken und Knowhow und Wissen in der Organisation besser zu vernetzen. Dafür wird eine Transformationsarchitektur entwickelt, in der die Theorie U Herzstück einer globalen Workshopreihe ist. Führungskräfte und Spezialisten aus der ganzen Welt treffen sich in unterschiedlichen Zusammensetzungen und neuen Konstellation und bearbeiten im U-Prozess konkrete Innovationsprojekte, Themen und Herausforderungen. Mit dem Effekt, dass die Ressourcen in der Organisation besser vernetzt werden, tragfähigere Arbeitsbeziehungen über Kontinente hinweg wachsen und das Unternehmen schneller innoviert. Es gibt aber eine Reihe andere positive Effekte: Es entstehen agile Formen der Zusammenarbeit, die Zahl der regionalen Initiativen nimmt deutlich zu und die Organisation ist schneller in der Lage, auf Kundenwünsche zu reagieren. ◄

Dieser Beitrag ist wichtig, denn aufgrund ihrer Innovationskraft und Fähigkeit zur schnellen Umsetzung haben Organisationen einen großen Einfluss auf technologische, ökologische und gesellschaftliche Veränderungen. Die Transformation in Organisationen ist immer mit der Chance verbunden, für das Große und Ganze wirksam zu werden. Das setzt allerdings einen anderen Wandel voraus: Die Transformation der Menschen in Organisationen.

Das Ich als Schlüssel zur Transformation 3

Zunächst setzt das Führen in der Krise die Resilienz der Führungskräfte voraus. Ohne die psychische Widerstandsfähigkeit der Führenden wächst die Gefahr, dass Organisationen und ihr soziales Gefüge instabil werden. Umgekehrt gibt die innere Stabilität der Führung dem Gesamtsystem Halt und damit die Chance, selbst mehr Resilienz zu entwickeln. Doch selbst für krisenerfahrene Führungskräfte ist die anhaltende Coronakrise eine Herausforderung, weil die kurz- und langfristigen Folgen schwer vorherzusehen sind und die Führungskräfte mit den vielen veränderten Rahmenbedingungen zurechtkommen müssen: Der Job, die Verantwortung, Remote work, Partnerschaft, Familie, Kinder. All das braucht Aufmerksamkeit und kostet Energie, sodass die Fähigkeit der Selbstführung als Voraussetzung für Resilienz wichtig ist.

Führungskräfte tragen – unabhängig davon, wie groß ihre Verantwortung ist – dieselbe Komplexität an Gefühlen, Bedürfnissen, Einstellungen, Haltungen und Werten in sich wie jeder andere Mensch. In diesem Zusammenhang ist mit Covid-19 ein hohes Risiko der Überforderung entstanden. Die Dimension der Krise mit all ihren Ungewissheiten und Unvorstellbarkeiten macht es für die Führung fast unmöglich, die vielen Erwartungen zu erfüllen, die auf sie einprasseln. Vor allem wer wie früher versucht, aus der Analyse der Vergangenheit Maßnahmen für die Zukunft abzuleiten, wird mit der Tatsache konfrontiert, dass diese Erfahrungen nur bedingt anwendbar sind. Wann gibt es einen Impfstoff? Wie oft werden wir beim Tanz mit der Kurve zwischen Shutdown und Exit oszillieren? Was heißt das für die Produktivität unserer Wirtschaft und wie stark sind dabei die Wechselwirkungen zwischen den Kontinenten und Ländern, wo der Wechsel zwischen Lockerung und Verschärfung anders verläuft – je nachdem, wie streng oder liberal dort die Maßnahmen gehandhabt werden? Wie stark wirkt sich die Finanzkrise aus? Welche Folgen hat der Ölpreisverfall? Die Liste

© Der/die Herausgeber bzw. der/die Autor(en), exklusiv lizenziert durch
Springer Fachmedien Wiesbaden GmbH, ein Teil von Springer Nature 2020
A. Seitz, *Durch die Krise führen,* essentials,
https://doi.org/10.1007/978-3-658-31025-7_3

der Volatilitäten lässt sich noch lange fortsetzen. Und die Auswirkungen dieser unheilvoll miteinander verknüpften Entwicklungen – jede in sich eigentlich schon eine Krise – werden sogar für einen Teamleiter spürbar sein, der versucht, seinem Team einen klaren, eindeutigen Fahrplan an die Hand zu geben.

Umso wichtiger ist die Selbstführung für die Menschen, die mit der Erwartung konfrontiert werden, für chaotische, unkontrollierbare Situationen klare Entscheidungen oder am besten endgültige Lösungen anzubieten. Ein in den ersten Monaten von Corona häufig verwendetes Bild ist der Sichtflug, bei dem nur jeweils die nächsten Schritte unternommen werden können, um dann zu überprüfen, ob sie in die richtige Richtung geführt haben oder kleinerer bzw. größerer Korrekturen bedürfen. Andreas Plietker, Leiter eines Pflegeheims in Recke, sprach im Spiegel über die Verantwortung, die durch die rasche Lockerung des Besuchsverbots auf seinen Schultern lag: „Das sorgte sogar bei den Angehörigen für Irritation und wir standen hilflos vor der Situation." Aus seiner Sicht ein Spagat zwischen pragmatischen Entscheidungen und dem damit verbundenen Risiko, dass sich Heimbewohner infizieren. „In den letzten Wochen haben wir viel Verantwortung übernehmen müssen, mehr Verantwortung, als manchmal auszuhalten war." Diese Belastung entstand vor allem durch die Schwere der Fälle: „Eine unserer Bewohnerinnen ist in der Klinik an Covid-19 gestorben und niemand war bei ihr. So etwas nehme ich mit nach Hause."[1]

Im Sichtflug kommt es auf die Cockpit Crew an, um beim Bild der Fliegerei zu bleiben. Wenn im Regelflugbetrieb hauptsächlich die Bordcomputer und Systeme die Navigation und Steuerung übernehmen, braucht der Krisenfall Führungspersönlichkeiten mit starken Nerven und Routine, die den Überblick behalten und den Menschen an Bord bei einem Zwischenfall jederzeit das Gefühl geben, dass sie sicher landen werden. Selbst der normale Flugbetrieb erfordert ständige Anpassungen, wie Scrum-Erfinder John Sutherland – einer der Urväter der Agilität – einmal geschildert hat. Als ehemaliger Air Force-Pilot beschreibt er, wie die Umstände im Landeanflug (Wind, Böen etc.) ständig von den Vorhersagen abweichen und die Anpassungsleistung des Piloten erfordern.[2] Was macht also die Selbstführung aus, die Führungskräfte in der Krise stabil hält? Hier die wesentlichen Faktoren Im Überblick.

---

[1]Der Spiegel, Online-Interview am 09.05.2020.
[2]Andreas Seitz, *Agilität von morgen – Führen in der Zukunft,* Bookboon, 2018.

3.1 Psychische und körperliche Stabilität

Führungskräfte müssen in der Krise genau in sich rein hören. Denn jetzt zählt die mentale und körperliche Fitness, um leistungsfähig zu sein, bewusst mit der sich ständig ändernden Situation umzugehen und ein gesundes Gespür für Entscheidungen zu entwickeln. Krisen wirken sich psychisch und körperlich auf uns Menschen aus. In der Regel steigt die psychoemotionale Belastung. Durch weniger Schlaf und mehr Arbeit entsteht in vielen Fällen ein ungesunder Kreislauf, in dem es immer schwieriger wird, die körperliche und geistige Balance zurückzugewinnen. Das heißt nicht, dass wir keinen Stress empfinden dürfen. Manche Führungskräfte laufen zur Höchstform auf, wenn sie sich gefordert fühlen und nah an der Belastungsgrenze arbeiten. Umso wichtiger ist es, dass sie neben den Gefühlen von Erschöpfung, eigener Unsicherheit und Angst genug Energie, Entschlossenheit und Mut in sich spüren, um führungsfähig zu bleiben – notfalls aber rechtzeitig auf die Bremse zu treten, um für sich selbst zu sorgen. Ein Beispiel aus der Coronakrise ist die Entscheidung von Christian Drosten, dem Chefvirologen der Berliner Charité, für einen anfänglich täglich produzierten Podcast nur noch zweimal die Woche zur Verfügung zu stehen, später dann noch seltener.

Psychische Stabilität setzt aber vor allem voraus, mit sich selbst in Berührung zu bleiben. Und in Berührung bleiben heißt, eigene Gefühle wie Angst zuzulassen, aber auch innerlich dafür dankbar zu sein, dass man eventuell nicht im selben Maß von der Krise betroffen ist wie andere und Mitgefühl zu entwickeln. Dadurch bleiben wir mit allen anderen Menschen verbunden. Die in den letzten Jahren bei Führungskräften populär gewordenen Achtsamkeitspraxis bekommt dadurch einen konkreten Bezug. Achtsam mit sich selbst und den anderen heißt, im Moment der entstehenden Zukunft wirksam zu sein und einen Beitrag zu leisten, der am Ende allen zu Gute kommt. Wir öffnen den Zugang zu all unseren Ressourcen, wir verbinden uns mit anderen, wir schaffen ein Gefühl der Gemeinschaft und Solidarität über die Grenzen des Kontextes hinaus, in dem wir leben und arbeiten. Egal wie groß oder klein unser Beitrag ist: Wir schaffen allmählich den Weg für den nächsten Entwicklungsschritt für uns selbst, das Team oder die ganze Organisation.

Für die Entwicklung von Resilienz hilft das Verständnis für innere Prozesse in Phasen der Unsicherheit. Dafür ist das Bild der Verengung und Erweiterung unserer Wahrnehmung und Lösungsfähigkeit hilfreich (siehe Abb. 3.1). Neurobiologisch ausgedrückt: Bei sich verstärkenden Unsicherheits- und Bedrohungsgefühlen wird die Gehirnregion aktiver, über die wir schnell schützende

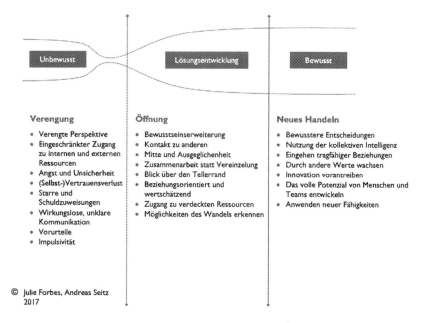

Abb. 3.1 Explore your Resources – aus der Verengung in die Öffnung

Reaktionsmuster abrufen können: Die Amygdala. Diese Aktivierung bedeutet zwar effektiven Selbstschutz, aber auch eine Einschränkung unserer sozialen und kreativen Fähigkeiten im präfrontalen Cortex. Eine Art Verengung, durch die wir nur noch eingeschränkt lösungsorientiert denken und handeln können. Dafür verantwortlich ist die erhöhte Ausschüttung des Botenstoffs Cortisol, der den Stresspegel im Körper steigert, um mit erhöhter Körperspannung schnell reagieren zu können. In Anbetracht der erforderlichen Führungskompetenz und Lösungsorientierung ein Nachteil, weil Lösungsräume durch die Verengung kleiner werden. Im Falle der konkreten Covid-19-Herausforderung, gleichzeitig kurzfristige und nachhaltige Lösungen zu finden, ist es deshalb in der Selbstführung entscheidend, durch Reflexion und Selbstregulierung aus der Verengung zu kommen und in Verbindung mit anderen neue Lösungsräume zu öffnen.

Das Modell visualisiert die mögliche Bewusstseinsentwicklung eines Individuums im Verlauf der Krise – bezogen auf Führungskräfte einen Verlauf, durch den auch für größere Gruppen von Menschen Perspektiverweiterung möglich wird. Das Gegenteil wäre ein Verharren in der Verengung, wodurch sich negative Emotionen wie in einer Abwärtsspirale verstärken. Das heißt in der

Folge auch für größere Gruppen oder die ganze Organisation, dass die Lösungsräume kleiner werden.

Verengung führt zu angstgesteuerten Reaktionen: Jammern, Misstrauen, Gereiztheit, Aggression, Geringschätzung, Abschottung, Starre. Der erste Schritt aus diesem Stadium ist das Erkennen eigener Reaktionsmuster, zu unterscheiden worauf man Einfluss hat und worauf nicht. Andere als ebenfalls betroffene und potenzielle Verbündete zu sehen. Sich dann auf konkrete Ziele zu besinnen, kreative Ressourcen, Knowhow und Fähigkeiten gezielt einzusetzen, um in die Lösungsorientierung zu kommen.

Die schrittweise Öffnung ermöglicht Selbstregulation dadurch, dass wir eigenes Verhalten besser reflektieren , Reaktionsmuster verstehen und andere Handlungsoptionen erörtern können. Dadurch verschaffen wir uns sozusagen einen erweiterten Reaktionsraum, in dem wir eine langfristigere Perspektive einnehmen und die Tragweite unserer Entscheidungen oder Aktionen besser einschätzen können.

Bleibt die Frage: Was ermöglicht diese Öffnung? Zum einen sicher die individuellen Selbstregulierungstechniken und -praktiken, die vom körperlichen Ausgleich durch Sport bis zu Achtsamkeits- oder Meditationsübungen reichen. Da die emotionale Reaktion in Kombination mit der Belastung auch Einfluss auf unsere Atmung haben, helfen regelmäßige Atemübungen oder Yoga den natürlichen Atemreflex zu aktivieren. Denn wie eng unsere Atmung mit krisenhaften Situationen zusammenhängt, spiegeln zahlreiche Redewendungen der deutschen Sprache wieder: „Die Welt hält den Atem an", „mir stockt der Atem", „da bleibt dir die Luft weg", „wir atmen auf". All diese Praktiken der Selbstführung brauchen Raum und Zeit und möglicherweise die Unterstützung durch andere. Oder: Das Teilen mit anderen. Denn wir wissen aus der Neurobiologie, dass durch Gespräche und den Austausch mit anderen das Vertrauenshormon Oxytocin ausgeschüttet wird – mit dem Ergebnis einer stärkeren Aktivierung des präfrontalen Kortex und damit einer höheren sozialen und kreativen Leistungsfähigkeit.[3]

In der Krise gilt für uns alle: Es ist unumgänglich, in uns rein zu hören oder die Resonanz anderer zu nutzen, um für sich den besten Weg der Selbstführung herauszufinden. Die Möglichkeiten, seine Mitte wiederherzustellen sind vielfältig und hängen letztlich von individuellen Präferenzen ab. Entscheidend ist, eigene Bedürfnisse ernst zu nehmen und für sich selbst zu sorgen. Das können sehr

---

[3]Harvard Business Review, The Neuroscience of Trust, Paul Zak.

einfache Dinge sein: Zeit mit der Familie zu verbringen, mit Partner oder Partnerin, mit den Kindern, Zeit für sich zu haben, mit dem Hund spazieren zu gehen, mehr zu schlafen, den Tagesrhythmus zu verändern, die Ernährung umzustellen, Hobbys wie Lesen, Musik, Gartenarbeit oder Kochen nachzugehen.

Die jetzt aufkommende Wirtschaftskrise heißt in vielen Organisationen unvermeidbar auch Restrukturierungen mit Kürzungen, Jobabbau und Schließungen. Für die Führung bedeutet das in der Regel Lonely tragic moments – Momente, in denen Führende einsame Entscheidungen treffen, die für viele Menschen schmerzhafte Folgen haben. Wie gehen Führungskräfte bei aller Notwendigkeit dieser Entscheidungen mit Schuldgefühlen um? Wie mit der zusätzlichen Belastung? Die Antwort lautet: Wir Menschen sind mitfühlende Wesen, und auch als Führungskraft im Mitgefühl zu bleiben ist eine wichtige Voraussetzung dafür, einerseits harte Entscheidungen zu treffen und dennoch mit sich selbst und anderen verbunden zu bleiben. Das bedeutet keineswegs, Verständnis für diese Entscheidungen erwarten zu können. Im Gegenteil: Manchmal gehört es zur Führungsrolle, anderen Raum für Enttäuschung, Trauer und Wut zu geben, präsent zu sein, zuzuhören und Fragen zu beantworten.

3.2   Wandel heißt sich entwickeln

Transformation ist dann möglich, wenn sich Menschen wandeln. Die Kultur einer Organisation ist immer ein Spiegel der Werte, die vor allem von Führungskräften vorgelebt werden. Wenn wir also die Krise als Chance dafür nutzen wollen, dass sich Organisationen und Communities oder ganze Gesellschaften verändern, müssen wir zunächst als Einzelne den nächsten Entwicklungsschritt machen. Für die Führung gilt das insofern umso mehr, als sie sowohl Ermöglicher als auch Roadblocker sein kann: Führungskräfte, die in ihrer Entwicklung stehen bleiben, erschweren die Entwicklung der Menschen in ihrem Umfeld. Umgekehrt erleichtert jeder Entwicklungsschritt einer Führungskraft die Entwicklung ihres Umfelds. Deshalb wird die transformative Kraft der Covid-19-Krise mit der Veränderungsfähigkeit und persönlichen Wandelbereitschaft der Führung größer oder kleiner.

Veränderung bedeutet aber weder zusätzliche kognitive Fähigkeiten noch mehr Fachwissen, sondern das, was die Entwicklungspsychologie vertikales Lernen nennt. Damit ist der persönliche Reifeprozess gemeint, durch den Führungskräfte im Verlaufe ihrer Entwicklung auf einer ganz anderen Ebene wirksam werden. Um diese vertikale Entwicklung zu verstehen, gibt es eine Reihe von Modellen, die mögliche Entwicklungswege und Reifestufen von

Erwachsenen beschreiben. Dabei steht die Frage im Zentrum: Welche Wirksamkeit habe ich als Führungskraft, abhängig von der Stufe meiner Entwicklung und meiner Handlungsmotivation? Ein Beispiel: Wer jung heiratet, hat eine konkrete Idee, was Ehe bedeutet. Nach einigen Jahren wird sich dieses Verständnis durch die inzwischen gemachten Erfahrungen sehr wahrscheinlich ändern, sodass neue Handlungslogiken entstehen – zum Beispiel das tiefere Verständnis für Klärungsgespräche, die Notwendigkeit von Grenzen, um autonom zu bleiben oder umgekehrt Raum zu schaffen für Nähe.[4] Ähnlich sehen Reifeprozesse bei Menschen aus, die vor ihrer ersten Führungsposition eine bestimmte Vorstellung von Führung hatten, die sie nach und nach an neue Handlungslogiken anpassen. Wer seine Mitarbeitenden zunächst mit einem strikten Leistungsmanagement führt, lernt möglicherweise, dass dadurch kreative Ressourcen verkümmern und sich Menschen eher anpassen als selbstbewusst Verantwortung zu übernehmen.

Ein Modell, dass die Idee der unterschiedlichen Wirksamkeiten vermittelt, ist die Ich-Entwicklung aus der Psychologieschule von Jane Loevinger, die später von Robert Kegan und Susanne Cook-Greuther weiterentwickelt wurde. Eine Zusammenfassung dieser und anderer entwicklungspsychologischer Modelle ist das integrale Modell (Spiral Dynamics) von Ken Wilber. Die unterschiedlichen Stufenmodelle dieser Schule haben gemeinsam, dass sie Mindsets und Handlungslogiken beschreiben, innerhalb derer auch nur bestimmte Führungswirkungen entstehen können.

Vertikale Entwicklung ist sozusagen das Komplementärstück des horizontalen Lernens, auf das sich westliche Kulturen fokussieren. Horizontales Lernen meint eher die Aneignung von Fachwissen und noch mehr Expertise innerhalb eines bestimmten Fachgebietes, durch die sich die Handlungslogik aber nicht ändert. Dadurch bleibt auch die Wirksamkeit der Führungskraft gleich und Transformation wird unwahrscheinlicher. Ein Beispiel: Eine Führungskraft, die ihre Fachexpertise ständig weiterentwickelt und hauptsächlich über Command & Control führt oder vor Entscheidungen unzählige Analysen anstellt, wird es vermutlich nicht gelingen, Menschen zu empowern und Verantwortung zu delegieren. Die Hürde, den nächsten Entwicklungsschritt in einem Reifeprozess zu machen, ist viel höher als bei der Aneignung von Fachwissen. Mike Michels, Ich-Entwicklungsexperte und Co-Gründer der Organisationsberatung CHANCES, setzt dafür den Faktor 100 an. „Der Vergleich mit einem Smartphone

---

[4]Das Beispiel stammt von Beema Sharma aus dem Webinar Vertical Development: How to Assess, Develop and Coach to Accelerate Leadership Maturity. Insitute of Coaching (IOC) am 15.04.2020.

macht den Unterschied zwischen horizontalem und vertikalem Lernen deutlich. Horizontal ist wie die Installation einer neuen App. Vertikal bedeutet ein Update des Betriebssystems. Das ist ungleich aufwändiger und komplexer."

Covid-19 erfordert die Fähigkeit der Führung, einen ungelösten Zustand über einen längeren Zeitraum in der Schwebe zu halten, statt aus abgespeicherten Erfahrungen schnelle Lösungen abzuleiten. Die Widersprüchlichkeit unterschiedlicher, aber gleichberechtigter Wahrheiten auszuhalten und sich des Dilemmas bewusst zu sein, dass eine Entscheidung der einen Wahrheit nicht oder weniger gerecht wird als der anderen. Während Virologen den strikten Lockdown verlangen, fordert die Wirtschaft die schnelle Öffnung. Mündige Bürger protestieren für ihre Freiheit, die Politik regiert mit Verordnungen, die die Freiheit einschränken. Diese Gemengelage erfordert einen anderen Reifegrad von der Führung, als eine eindeutige Datenlage oder best practices aus der Vergangenheit.

Die Ich-Entwicklungsmodelle sind geeignete Landkarten für die Anforderungen an die Führung während der Pandemie. Sie machen aber auch klar, dass rein statistisch nur eine Minderheit aller Führungskräfte diese Reife entwickelt hat. Robert Kegan sieht 5 % aller Führungskräfte in der Lage, mit der Komplexität von sich schnell verändernden Umwelten umzugehen. Aber die Brüchigkeit der jetzigen Krise ist eine große Chance, diesen Reifeprozess zu beschleunigen und mehr über sich selbst zu lernen als vor der Krise. Menschen machen in Krisen in kurzer Zeit viele neue Erfahrungen. Diese Erfahrung können sie – bei gleichzeitiger Reflexion über ihre Handlungslogiken und Werte – für ihr vertikales Lernen nutzen und eine neue Wirksamkeit entwickeln. Wer also vorher auf der Stufe von ständiger Erneuerung erfolgreich Teams entwickelt und empowert hat, kann in der Krise zu einem Visionär werden, der einen attraktiven Entwurf für die Zeit nach der Krise und die Zukunft hat. Dadurch wird die Krise zur Chance und die Transformation für die gesamte Organisation wahrscheinlicher.

In eine vergleichbare Richtung wie die Ich-Entwicklungsschule verweist das Wertemodell von Richard Barrett, das auf der Maslowschen Bedürfnispyramide beruht (siehe Abb. 3.2.). Das Modell besteht aus sieben Stufen, über die die Wirksamkeit von Führungskräften ausdifferenziert werden kann.

Je nach Reifegrad – abhängig von der Entwicklungsstufe in diesem Modell – agieren Führungskräfte unterschiedlich und erzeugen jeweils andere Führungswirkungen. Das bedeutet nicht, dass Stufe 1 schlechter oder besser als darüber liegende Stufen ist, aber es entsteht eine andere Führungswirkung. Und wie die Stufenmodelle der Ich-Entwicklung visualisiert die Barrett-Pyramide einen weiteren Aspekt persönlicher Entwicklung: Die Regression, das heißt den Rückfall auf eine frühere Entwicklungsstufe. Mit den psychoemotionalen Auswirkungen einer Krise ist es wahrscheinlich, dass sich auch bei Führungs-

Abb. 3.2 Barrett Values Center

kräften mehr Regressionseffekte beobachten lassen. Bereits zu Beginn der Krise, als sich die ersten Limitierungen und Lockdown-Maßnahmen ankündigten, war Regression in fast allen Bevölkerungsgruppen zu beobachten: Hamster-käufe in Deutschland, stark steigende Waffenverkäufe in USA, Bunkerbau, Ver-schwörungstheorien. Das sind einige Symptome für eine Regression auf die erste Stufe im Barrett-Modell (Überleben) und Stufe drei (Wirksamkeit, Kontrolle, Produktivität). Regression verschiebt den Wertefokus hin zum Zusammenhalt der eigenen Gruppe und deren Überleben, weg von der solidarischen Zusammen-arbeit über Systemgrenzen hinweg.

Beispiel

Der Projektleiter eines Beratungsunternehmens steht vor einer wichtigen Karriereentscheidung. Er hat das Angebot, Partner der Beratung zu werden – vor allem seine hohe Produktivität, die Qualität seiner Analysen (Stufe 3: Per-formance) und das positive Feedback seiner Teams („fördert uns, hört zu", Stufe 4: Facilitator) haben zur Beförderung geführt. Er zögert, denn er weiß, dass er auch in Zukunft an der Qualität der Analysen und an seiner Effizienz gemessen und dafür sehr gut bezahlt wird. Das heißt, dass die Kultur seiner Organisation die Handlungslogiken auf Stufe 3 fördert, während er selbst nach den Werten auf Stufe 7 strebt (ethisches Verhalten, Nachhaltigkeit für zukünftige Generationen) und sich dorthin entwickeln möchte. Die Stufe 7-Werte kommen zwar im Leitbild seiner Organisation vor, werden aber von der Führung zum größten Teil nicht vorgelebt. Er zögert und entscheidet schließlich, das Angebot anzunehmen. Er glaubt durch seine persönliche Entwicklung einen wichtigen Beitrag zur Transformation der Beratung zu leisten und sieht einen Sinn darin, als Führungskraft größeren Einfluss zu bekommen. Das Regressionsrisiko besteht für ihn nun darin, auf die Stufe 3 zurückzufallen, deren Werte die Kultur der Beratung stark prägen und die vor allem sehr stark incentiviert werden. ◄

Was heißt das nun für die Covid-19-Krise? Die Covid-19-Umfrage von Barrett Values Center ergab, dass sich die Werte der Führung bis Anfang Mai 2020 verschoben haben. Agile Formen der Zusammenarbeit und die Fähigkeit, sich schnell an neue Voraussetzungen anzupassen, wurden als deutlich wichtiger erachtet als vor der Krise. Diese Werteverschiebung ist natürlich aus der Not geboren und hat zum Beispiel den Wandel Richtung Remote Work in sechs Wochen ermöglicht – ohne Covid-19 hätte diese Entwicklung laut Studie fünf bis sechs Jahre gedauert. Interessant ist aber, dass auch die gesamtgesellschaftliche Verantwortung und Nachhaltigkeit als deutlich wichtiger erachtet wurden. Insgesamt sind dadurch Prioritäten in Bereichen entstanden, die Transformation erst ermöglichen – im Barrett Values Modell die Stufen 4 bis 7. Allerdings heißt das noch nicht, dass es dabei bleibt. Führungskräfte gaben dem wirtschaftlichen Ergebnis und der Effektivität der Organisationen in der Phase der unmittelbaren Krisenbewältigung zunächst geringere Bedeutung. Aber wenn Remote Work erstmal erfolgreich läuft und die wirtschaftlichen Folgen der Krise spürbarer werden, verschieben sich die Notwendigkeiten in Organisationen. Das kann zu einem dauerhaften Rückfall auf frühere Entwicklungsstufen führen – zum Beispiel auf die Stufe 1 (Survival) und 3 (Effektivität, Effizienz): Kostensenkungen, Effizienzsteigerung und Stellenabbau sind dann die Folge. Die Handlungslogik hat sich dann verändert und damit auch die Wirksamkeit der Führung. Die transformative Kraft der Krise würde sich abschwächen, weil die Stufen 1–3 eher dem Erhalt des Status quo dienen und Wandel erst durch die Werte ab Stufe 4 möglich ist. Deshalb ist ein spannender Beobachtungspunkt, ob Organisationen dauerhaft im Überlebensmodus agieren, oder auf den Stufen 4 bis 7 wirksam werden. Auf diesen Stufen stoßen Führungskräfte die Tür zu fundamental anderen Handlungslogiken auf und Transformation wird wahrscheinlicher.

Über das Barrett Value Modell lässt sich die Entwicklungsstufe der gesamten Organisation abbilden. Dadurch sind Rückschlüsse möglich, an welchen Stellen in der Organisation Reibungsverluste (Cultural Entropy) entstehen. Auch das ist für Transformationsprozesse eine wichtige Information: Wo in der Organisation geht der Wandel nicht weiter, weil das Wertegerüst der Führung die Dynamik des Wandels limitiert? Das lässt sich im System von Richard Barrett tatsächlich auf die Limitierungen einzelner Führungskräfte zurückführen (Personal Entropy).

In der Regel ist es ein Vorteil, wenn Führungskräfte Erfahrung mit Krisen in der Vergangenheit gemacht haben – beruflich oder privat. Die abgespeicherte Erfahrung, dass die Krisenbewältigung mit einer persönlichen Veränderung einherging, steigert die Bereitschaft und die Fähigkeit, eine weiteren Schritt Richtung Wandel zu machen. Das Potenzial der Selbstentwicklung ist nicht auf die Führung beschränkt. Aber dort entfaltet sie die größte Hebelwirkung. Wenn sich Führungskräfte hingegen nicht wandeln, blockiert das möglicherweise die Transformation des ganzen Systems.

3.3   Reflexion und Dialog: Gemeinsam lernen

Ganz klar: Transformation setzt Reflexionsfähigkeit voraus, um eigene Gefühle und Reaktionsmuster zu erkennen und zusätzlich in der Lage zu sein, diese gegebenenfalls auch mit der Unterstützung Dritter zu verändern. In Krisen und bei wachsendem Druck besteht das Risiko, in Aktionismus zu verfallen und nicht mehr reflektieren zu können, welche Wirkung welche Entscheidung hat. Aber gerade in Krisen und unter Belastung ist die Reflexion darüber wichtig, wie wir unsere Energie einsetzen: Nehmen wir uns selbst wahr? Nehmen wir die Konsequenzen unseres Handelns für andere wahr? Nehmen wir die Auswirkungen und Rückkopplungen in einem Team, der ganzen Organisation und der Umwelt wahr?

Ein einfaches Modell, das bei dieser Einschätzung hilft, sind die folgenden drei Kreise, über die Führungskräfte zunächst verorten, in welchen Bereichen sie wirklich wirksam sind (siehe Abb. 3.3). Dabei ist in der Covid-19-Krise vor allem wichtig, den Bereich der Sorgen und Ängste von den Bereichen abzugrenzen, in denen wir effektiv handeln.

Fatal wäre gerade in Krisen, in dem Kreis aktiv zu sein, der weder Kontrolle noch Einfluss erlaubt. Umgekehrt bedeutet die Einschränkung auf den Kreis der Kontrolle, dass Führungskräfte ihren Einfluss nicht nutzen.

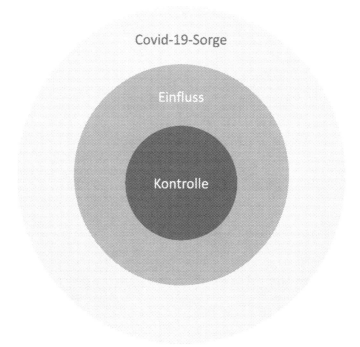

Abb. 3.3 Stephen Covey, Circle of Influence

3.4   Unterstützende Beziehungen nutzen

Heroisches Einzelkämpfertum der Führung ist Gift in Covid-19-Zeiten. Die Komplexität der Situation und die Interdependenz aller Faktoren, die für Entscheidungen berücksichtigt werden müssen, brauchen Perspektivenvielfalt. Auch wenn einzelne Entscheidungen unter Zeitdruck tatsächlich von Einzelnen getroffen werden müssen, bietet die Einbindung in ein tragfähiges Netzwerk an Beziehungen eine weitere Entlastungschance. Die Bewältigung der Krise wird ebenso wahrscheinlicher wie die Transformation, die nur gelingt, wenn das Kollektiv beteiligt ist.

3.5   Optimistisch voran gehen

Führungskräfte sind emotional ansteckend. Ihre Ausstrahlung ist sozusagen Teil einer kollektiven Empfindung, die für andere spürbar macht, ob wir im Falle einer Krise zuversichtlich und zumindest vorsichtig optimistisch in die Zukunft blicken oder nicht. Wer aus einer Führungsposition heraus pessimistisch in die Zukunft blickt, braucht sich nicht zu wundern, wenn auch die Menschen in der Organisation keine ausgeprägt positiven Gefühle entwickeln, was die weitere Entwicklung betrifft. Dabei wissen wir aus der Positiven Psychologie von Martin Seligmann, dass mit steigendem Optimismus von Führungskräften auch die Wahrscheinlichkeit steigt, dass Krisen einen positiven Ausgang nehmen.

Dadurch ist der emotionale Zustand – optimistisch oder pessimistisch – ein Teil der Selbstführung, die in der momentanen Krise erheblich Einfluss auf die Menschen in Organisationen hat. Umso mehr liegt es in der Verantwortung der Führung, sich der emotionalen Ansteckung zumindest bewusst zu sein. Dafür hilft es zunächst, in sich hinein zu spüren oder – so hat es die amerikanische Psychologin Carol Dweck genannt – dem inneren Dialog zuzuhören. Welche Sätze hören wir uns dort sagen? Dweck unterscheidet den inneren Dialog des Growth Mindset, einer Art optimistischen Wachstumshaltung, vom Fixed Mindset. Fixed Mindset heißt, dass wir nicht an die Chancen und Möglichkeiten glauben und dadurch eher mit unserer pessimistischen Seite ansteckend sind. In der Gegenüberstellung kann man den beiden Mindsets spezifische Gedanken zuordnen (siehe Abb. 3.4.).

Growth Mindset	Fixed Mindset
„Wir können es schaffen"	„Keine Chance"
„Dafür gibt es eine Lösung"	„Wir haben versagt, die Politik hat versagt"
„Wir wachsen an der Herausforderung"	„Das schafft kein Mensch, es ist hoffnungslos"
„Es ist nicht einfach, aber es geht"	„Geholfen wird eh nur den anderen. Das war schon immer so."
„Die Krise ist eine Chance. Wenn wir jetzt unsere Cleverness nutzen, kann etwas Großes entstehen."	„Wenn wir andere Leute hätten, könnten wir es schaffen."
„Not macht erfinderisch"	„Ich sag's ja, es kommt alles noch viel schlimmer."
„Jetzt bin ich erschöpft, aber morgen werde ich mit neuer Energie rangehen"	„Die Ratten verlassen das sinkende Schiff".

Abb. 3.4   Growth Mindset und Fexed Mindset nach Carol Dweck

Wie finden wir heraus, ob wir mit einem Growth Mindset oder mit einem Fixed Mindset agieren? Sich selbst zuzuhören ist ein Weg. Ein anderer ist Feedback. Die Rückmeldung, in welcher Tonalität man bei anderen ankommt. Da wir aber nicht so einfach von Moll auf Dur schalten können, braucht es neben der Selbstführung auch die Selbstklärung – auch mithilfe von Feedback von anderen Menschen – die es uns leichter macht, unsere eigene Gefühlslage zu verorten und positive von belastenden Gefühlen zu unterscheiden. Es ist also beides wichtig: Belastendes zu klären und die Zuversicht und Optimismus dort einzusetzen, wo beides am meisten gebraucht wird, nämlich bei verunsicherten Menschen.

Halt geben in der Unsicherheit

Corona und mögliche Folgekrisen lösen Unsicherheit auf mehreren Ebenen aus. Zum einen gibt es keine eindeutigen Aussagen darüber, wer tatsächlich von Covid-19 bedroht ist und wer nicht. Die Folgen einer Infektion sind nicht klar. Gibt es Langzeitschäden? Ist nur die Lunge betroffen? Virologen gehen von einer zweiten und eventuell dritten Infektionswelle aus. Wann ist diese zu erwarten? Welche Folgen hat sie? Der stärkste Wirtschaftseinbruch seit dem Zweiten Weltkrieg führt zu existenziellen Krisen und der ganz konkreten Bedrohung, dass zig Tausend Existenzen zu Grunde gehen. Politisch ist Instabilität spürbar – neben dem Ringen über Rettungspakete und eine gemeinsame Verschuldung in der EU wird der Riss zwischen Verbündeten größer, autoritäre Staaten versuchen die Camouflage der Krise, Schuldzuweisungen zwischen Staaten über den Virus-Ursprung und den Umgang mit der Pandemie verschlechtern das Klima. Erschüttert wird dadurch unser Bedürfnis Nummer 1: die Sicherheit.

Wie gehen Menschen mit der Unsicherheit und Verunsicherung um? Nach dem anfänglichen „Keiner wird von uns im Stich gelassen", „Hurra, wir können digital" und „Die Zukunft heißt Homeschooling" ist Ernüchterung darüber eingekehrt, dass Einzelne in der Krise schlicht überfordert sind. Das betrifft Eltern und ihre Kinder, Unternehmer, Selbstständige und Freiberufler, Künstler und Kulturschaffende. Alleine die Notwendigkeit, uns an ständige neue Kontakt-Regelungen zu gewöhnen, schafft Unsicherheit. Die neuen Regelungen und Bestimmungen, die uns dazu zwingen, uns ständig neu zu erfinden: „Wir fühlen uns wie Versuchskaninchen" wurde eine Lehrerin zitiert.[1] Eine Mutter, die

---

[1]BILD-Zeitung Mai 2020.

© Der/die Herausgeber bzw. der/die Autor(en), exklusiv lizenziert durch Springer Fachmedien Wiesbaden GmbH, ein Teil von Springer Nature 2020
A. Seitz, *Durch die Krise führen*, essentials,
https://doi.org/10.1007/978-3-658-31025-7_4

vom virtuellen Arbeitsalltag mit Kindern im Haushalt berichtet, bricht in einem ARD-Brennpunkt in Tränen aus und drückt damit ihre Überlastung und Existenzsorgen aus. Eine andere Remote Workerin, ebenfalls zwei Kinder und alleinerziehend, erzählt, dass sie das Mittagessen irrtümlich zwei Mal gekocht hat. Ein typisches Überlastungssymptom.

Viele Menschen und Familien erleben eine Verunsicherung dieses Ausmaßes zum ersten Mal. Das Gefühl der Unsicherheit wird durch Macht- und Hilflosigkeit verstärkt. Dazu gesellen sich allmählich Zweifel – zum Beispiel darüber, ob Lockdownmaßnahmen angemessen oder überhaupt nötig waren. Damit stieg auch das Misstrauen gegenüber denen, die sich für diese Maßnahmen stark gemacht oder sie durchgesetzt haben, also Virologen, Politiker und Behörden. Insgesamt geht in der Unsicherheit Halt verloren. Und die Aufgabe der Führung kann darin bestehen, Menschen, Teams und Organisationen in dieser Situation Halt zu geben.

Ob Familie, Communities, Freundeskreise, Teams oder Organisationen: Das Kollektiv gibt uns Halt, ist aber ein komplexes Beziehungsgefüge, das in der Krise von Zerrüttung bedroht ist. Zwischen Freunden zum Beispiel durch entgegengesetzte Standpunkte zu Covid-19. Die häuslichen Auseinandersetzungen nahmen im Verlauf des Lockdowns zu. Selbst Microsoft-Chef Satya Nadella meinte selbstkritisch: „Mir kommt es so vor, also würden wir in der Phase des Remote Work den sozialen Zusammenhalt zerstören, den wir davor aufgebaut haben."[2] Und wenn sich Bekannte nach dem Lockdown auf der Straße trafen, waren sie unsicher: Wie viel Nähe ist möglich? Beziehungen sind vom gleichzeitigen Bedürfnis nach Nähe und Distanz geprägt. Das gesunde Gleichgewicht von Autonomie und Zugehörigkeit muss in Covid-19-Zeiten neu bestimmt und ausgehandelt werden. Hierbei braucht es mindestens zwei Akteure: Die Betroffenen selbst, die für sich und die anderen klar formulieren, wie viel Nähe und Distanz sie brauchen. Und Menschen, die das gesamte Gefüge im Blick haben, die Komplexität der Beziehungen verstehen und durch ihr Handeln positiv auf die Herstellung des Gleichgewichts einwirken können. Die Barrett Values Center Covid-19-Studie zeigte im Mai 2020, dass das Bedürfnis der Menschen nach Orientierung und Richtung in der Verunsicherung deutlich gestiegen war.[3]

---

[2]Zitiert auf Geekwire.com.

[3]Die Werte „Kommunikation" und „Richtung geben" durch die Führung waren im Vergleich zur Zeit vor der Krise deutlich gestiegen.

4.1   Sicherheit durch Regeln und Normen

Wenn wir unser normales Leben wieder hochfahren, Unternehmen ihre Produktionen anschmeißen, Schulen und Kindergärten öffnen, werden wir uns bis zur flächendeckend durchgeführten Impfung gegen Covid-19 an immer wieder veränderte Regeln und Bestimmungen halten müssen. Welche Abstände und Personenzahlen sind erlaubt, wo besteht Maskenpflicht, wie verläuft das Boarding an Flughäfen? Und diese werden sich mit den Erfahrungen, was gut funktioniert und was nicht, nach kurzer Zeit wieder ändern. Das kann im Falle einer neuen Infektionswelle mit einem weiteren Lockdown enden. Führung hat hier drei Funktionen: Zum einen nach Abstimmung mit Experten aus unterschiedlichen Bereichen zu entscheiden, welche Regeln eingeführt werden und wie lange sie gelten. Zum anderen, wie sie gegebenenfalls angepasst werden. Und drittens den Prozess zu moderieren, der möglichst viele in das Erfahrungslernen einbezieht und damit die kontinuierliche Anpassung der Regeln ermöglicht.

4.2   Sicherheit durch Information

Glaubwürdige Daten mit eindeutigen Ableitungen für Regeln und Bestimmungen in der Krise geben Sicherheit. Mit der Wahrnehmung, dass diese Daten nicht eindeutig sind oder sich widersprechen, steigt das Gefühl der Verunsicherung. Bevor wir endgültig ins Daten-Zeitalter aufbrechen, zeigt uns Covid-19, wie stark die Datenlage die öffentliche Auseinandersetzung für den bestmöglichen Umgang mit dem Virus prägt. Die tägliche Vermessung der Pandemie zeigt aber auch, wie schwer eine konsistente Logik für einen längeren Zeitraum aufrechtzuerhalten ist. Daten bieten immer Raum für Interpretation oder werden durch neue wissenschaftliche Erkenntnisse bedeutungslos. Sie brauchen deshalb – diesen Begriff hat Big Data bereits geprägt – Datendolmetscher, die den Daten eine Bedeutung geben und für Verständlichkeit sorgen. Zum Beispiel wie die Virologin Melanie Brinkmann zur exponentiellen Infektionskurve und dem Lockdown: „Ich würde gerne ein Bild dafür nehmen: Wir stellen uns vor, wir sitzen in einem Zug, in einem ICE und der fährt mit Hochgeschwindigkeit. Und vor uns ist der Abgrund, den sehen wir aber nicht.", erzählt die Wissenschaftlerin im Gespräch mit ARD-Journalistin Ellen Ehni. „Dadurch, dass wir in den Laboren früh getestet haben, haben wir sehr früh gesehen, was auf uns zukommt. Der Lokomotivführer sieht den Abgrund, der vor uns liegt, auf seinem System, und er kann jetzt schon reagieren. Jetzt können wir die Notbremse ziehen, und das machen wir gerade mit diesen Maßnahmen, die die Kontakte reduzieren sollen." In den ersten Covid-19-Monate meldeten sich in den sozialen Medien viele Hobby-Virologen. Jeder mit dem Anspruch, die richtige Interpretation der vom Robert-Koch-Institut gelieferten Zahlen zu liefern. Daten sind nicht selbsterklärend. Das war schon immer so, aber ihre verständliche Erklärung wird mit der Zunahme der Daten und datenbasierter Entscheidungen immer wichtiger. Künstliche Intelligenz wird für Verständnis werben müssen, auch wenn sie klüger ist als wir. Dieses Verständnis herzustellen ist eine Führungsaufgabe und hängt zentral mit der Fähigkeit zusammen, die Komplexität der Information in verständliche Botschaften zu übersetzen.

4.3 Psychologische Sicherheit

Führungskräfte haben darüber hinaus entscheidenden Einfluss darauf, gefühlte Sicherheit in Teams und Organisationen zu schaffen. Was ist dafür ausschlaggebend? Die amerikanische Psychologin Amy Edmondson ist in einer Studie über die Qualität von medizinischen Teams zufällig auf den Zusammenhang zwischen der Teameffektivität und der Offenheit gestoßen, mit der in Teams über Fehler gesprochen wird. Später hat sie dafür den Begriff Psychologische Sicherheit verwendet. Menschen fühlen sich in diesen Teams dann sicher, wenn jederzeit Fragen erlaubt und Widerspruch mit eigenen Standpunkten willkommen ist. Mit Blick auf die Unsicherheiten und Ungewissheiten von Covid-19 hat sie konkrete Empfehlungen formuliert, wie Führungskräfte psychologische Sicherheit in ihren Teams herstellen können.

Übersicht

Klar machen, dass es um gemeinsame Lernerfahrungen geht, nicht um die beste Ausführung. Offen benennen, dass nicht vorhersehbar ist, wie die richtige Lösung für dieses Problem ist, das es vorher in dieser Form noch nicht gab. Und ausdrücklich dazu auffordern, dass jede Stimme und jeder Beitrag wichtig ist, um die bestmöglichen Lösungen zu finden.

Einräumen, dass man als Führungskraft fehlbar ist – ergänzt mit der ausdrücklichen Erlaubnis und Aufforderung, jeden noch so kleinen Punkt einzubringen.

> Neugierig bleiben und Fragen stellen. Fragen sind ein äußerst einfaches und zugleich machtvolles Instrument, um Menschen eine Stimme zu geben und damit das Gefühl, gehört zu werden.[4]

Fatal ist, so Edmondson, wenn die psychologische Sicherheit niedrig und gleichzeitig ambitionierte Leistungsziele festgelegt werden. Edmondson nennt diesen Bereich die Angstzone – also den Bereich der größten Unsicherheit.

Wir sind definitiv in einer Situation, in der eine zentrale Aufgabe der Führung in der Herstellung psychologischer Sicherheit besteht. Auch hier ist es zunächst wichtig, sich innerlich sicher zu fühlen, eigene Angstgefühle zu bearbeiten und den Ergebnisdruck zu managen, den man als Führungskraft auferlegt bekommt. Genauso wichtig: Lasse ich als Führungskraft zu, dass andere die beste Lösung liefern? Bin ich bereit, meine Fehlbarkeit anzuerkennen? Und schließlich: Habe ich die Kompetenzen, um für psychologische Sicherheit zu sorgen? Kluge Fragen stellen und gut zuhören gehören genauso dazu, wie die Wahrnehmung dafür, ob sich alle am Austausch im Team beteiligen und jeder die Gelegenheit bekommt, einen Betrag zu leisten.

Ein gutes Rollemodell hierfür sind wiederum Piloten, die in Gefahrensituationen mit begrenzten Ressourcen und unter Zeitdruck die beste Lösung finden müssen. Ein Lufthansa-Kapitän mit mehreren Jahrzehnten Erfahrung im Cockpit: „Wenn ich schon andeute, dass ich eine Lösung habe, werden sich der First Officer und gegebenenfalls der dritte Pilot an Bord zurückhalten. Dadurch verhindere ich die beste Lösung."

Psychologische Sicherheit taucht auch im Aristotle-Projekt von Google als eine von fünf maßgeblichen Säulen für die Effektivität von Teams auf. Google hat einen repräsentativen Querschnitt seiner Mitarbeiter nach ihrer Einschätzung befragt, wodurch sich herausragende von weniger leistungsstarken Teams unterscheiden[5] . Auch wenn das Ergebnis nicht uneingeschränkt auf andere Organisationen übertragbar ist, gilt psychologische Sicherheit Google-intern

---

[4]Amy Edmondson, Interview auf August Public, März 2020, https://youtu.be/smXjIa7XYdg.

[5]Nachzulesen auf https://rework.withgoogle.com/print/guides.

als das vertrauensbildende Element, durch das jedes Teammitglied selbstsicher eigene Ideen und Standpunkte äußern kann – auch wenn diese von Mehrheitsmeinungen abweichen. Frederik G. Pferdt, Leiter Innovation&Creativity bei Google, sieht darin einen der wesentlichen Wettbewerbsvorteile für Organisationen, die von der Innovation leben: „Um innovativ zu sein, braucht der Mensch Vertrauen in die eigenen Ideen. Und das entwickelt sich am besten in einem Umfeld, das auf Neues positiv und im wahrsten Sinne neugierig reagiert." Aus seiner Sicht steigt deshalb die Wahrscheinlichkeit der Innovation mit dem Grad der Psychologischen Sicherheit.[6] Vertrauen wird dadurch zu einer Währung. Steigt diese Währung, nimmt auch die Fähigkeit der Erneuerung und des Wandels zu. Deshalb ist Psychologische Sicherheit ein wesentlicher Faktor für gelingende Transformation und ist durch die gestiegene Unsicherheit in der Krise doppelt wichtig.

---

[6]Frederik G. Pferdt, Interview in Brand eins, „Innovation", 2016.

Kontakt und Vertrauen aufbauen 5

Das Kapitel über die Sicherheit verdeutlicht, wie stark Führungsverhalten den psychoemotionalen Zustand von Menschen beeinflusst. Das gilt besonders für die Führungskommunikation. Krisen brauchen die Kommunikationsstärke der Führung. Das alleine reicht aber nicht. Denn ohne die Bereitschaft, regelmäßig zu kommunizieren und damit auch das Risiko einzugehen, sich angreifbar zu machen, sind diese Stärken nutzlos. Für die vertikale Entwicklung der Führung heißt das, zunächst ein Bewusstsein dafür zu schaffen, dass Wahrnehmung Wahrheit ist – Menschen konstruieren die Wirklichkeit aus dem, was sie über ihre Sinne wahrnehmen. Seit Watzlawicks „man kann nicht nicht kommunizieren" wissen wir: Schweigen transportiert viele Botschaften, die vom Empfänger interpretiert werden. Und selbst gut gemeinte Informationsveranstaltungen entpuppen sich als Nebelkerzen: „Ich war überrascht, als ich von den Reaktionen meiner Mitarbeiter nach meiner Rede zu Beginn der Krise hörte. Die waren verunsichert. Ich wollte das Gegenteil", so der Geschäftsführer eines Startups. Und es braucht die gesunde Einschätzung, in welcher Frequenz Menschen in der Krise angesprochen und in den Dialog einbezogen werden wollen. In Krisen gilt: Intensiver, mehrkanalig und zeitnah zu Veränderungen, neuen Informationen und Entscheidungen.

Eine zentrale Rolle der Führung in Krisen ist deshalb, bewusst Berührungspunkte mit den Menschen in Organisationen oder in der Öffentlichkeit zu schaffen und sie im besten Fall in die Kommunikation einzubinden. Dadurch entstehen Transparenz, Vertrauen, Austausch sowie eine Orientierung darüber, wo es in der Krise lang geht. Krisen brauchen Dialog.

© Der/die Herausgeber bzw. der/die Autor(en), exklusiv lizenziert durch
Springer Fachmedien Wiesbaden GmbH, ein Teil von Springer Nature 2020
A. Seitz, *Durch die Krise führen*, essentials,
https://doi.org/10.1007/978-3-658-31025-7_5

5.1   Momente der Wahrheit nutzen

Besondere Bedeutung haben dabei Momente der Wahrheit. Momente der Wahrheit sind Wegpunkte durch die Krise, in denen sich die Führung der Debatte stellt, eigene Standpunkte vertritt, Wertschätzung zeigt, Hoffnung macht, warnt, sich dem Widerstreit der Positionen stellt oder durch Appelle, persönliche Betroffenheit und den Ausblick auf die Zukunft Richtung und Orientierung gibt. Angela Merkels Fernsehansprache zu Beginn der Krise war ein Moment der Wahrheit. Sie sind ein wesentliches Merkmal einer pluralistischen, offenen Gesellschaftsform der Mitbestimmung. Es ist kein Zufall, dass der Begriff der Agora ins Bewusstsein von Organisationen zurückgekehrt ist – ein urdemokratisches Forum der Antike, in der sich die öffentliche Debatte abspielte. Parallel entstanden in Athen die Rhetorik als philosophische Teildisziplin, die sich bis heute als Fundament unserer gesellschaftlichen Auseinandersetzung erhalten hat – und im Verlauf der Geschichte immer dann eine untergeordnete Rolle spielte, wenn Systeme autokratischer wurden. Das ist heute im Blick auf unterschiedliche politische Systeme wiedererkennbar und kann maßgeblich dafür sein, wie gut oder schlecht es einer Gesellschaft oder einer Organisation gelingt, eine Krise zu meistern.

Momente der Wahrheit in Covid-19-Zeiten sind Situationen, in denen sich das kollektive Bewusstsein um ein kleines Stück weiterentwickelt und im besten Fall Klarheit über den Ausgang der Krise entsteht. Sie sind Teil der Führungsverantwortung. Typische Momente der Wahrheit in der Krise sind Fernsehansprachen, tägliche Pressekonferenzen wie die des Robert-Koch-Instituts oder einzelner Politiker, der Podcast von Christian Drosten oder – bezogen auf Organisationen – tägliche Updates im Daily, in Meetings, über Emails, Videocalls oder soziale Medien, virtuelle Townhalls und Barcamps, One on One-Gespräche, Abstimmungsmeetings und Verhandlungen. Die Herausforderungen sind für alle gleich, unabhängig von der Größe der Führungsverantwortung.

5.2   Mit Widersprüchen umgehen

Covid-19 steckt voller Widersprüche und Dilemmata. Corona-Daten werden täglich durch den medialen Wolf gedreht. Natürlich mit unterschiedlichen Auslegungen und Ableitungen, was das für den weiteren Tanz mit der Kurve bedeutet. Das macht die Information, die bei den Menschen landet, nicht eindeutiger. Und dennoch muss Führung inmitten des Widerstreits unterschiedlicher Auslegungen Entscheidungen treffen, die sich keineswegs nur mit Fakten begründen lassen. Das gilt für die große Politik genau wie für diejenigen, die in Organisationen verantwortliche Entscheidungen darüber treffen müssen, welche Maßnahmen zum Schutz der Mitarbeiter wirklich notwendig sind und welche nicht, welche Maßnahmen zur Rettung des Unternehmens erforderlich sind oder welche Remote Work-Regelungen bestehen bleiben und welche nicht. In vielen Unternehmen oder ganzen Branchen kommt hinzu, dass untergründig das Gespenst des Stellenabbaus umhergeht – dieser Elefant im Raum bedarf der regelmäßigen Kommunikation durch die Führung, auch wenn ihr Inhalt negativ ist.

Die Maßgabe lautet hier: so zeitnah, offen, transparent, ehrlich, verständlich und klar wie möglich. Auch wenn dabei Entscheidungen nicht immer logisch und konsistent sind und keine eindeutigen Aussagen über den weiteren Verlauf der Krise getroffen werden können: Diese Art der Führungskommunikation ist ein Muss. Sie trägt zum Vertrauen bei, dass alle verfügbaren Informationen früh offengelegt und geteilt werden. Wer führt, nutzt dies, um dadurch das Gefühl von Unsicherheit wenigstens teilweise zu kompensieren. Auch im Wissen, dass man nicht immer Beifall dafür erntet, nur Tage nach der „links rum"-Entscheidung auf „rechts rum" umzuschwenken. Diese Situationen gab es und wird es während der Pandemie immer wieder geben. Hier gibt Führung vor allem dadurch Halt, dass sie diese scheinbaren Widersprüche aushält und sich sozusagen als Projektionsfläche für die fehlende Eindeutigkeit in die erste Reihe stellt.

So wie es Christian Drosten, Chefvirologe der Berliner Charité früh mit seinem täglichen Podcast im NDR Radio machte, für den er den Sonderpreis für herausragende Kommunikation der Wissenschaft in der Covid-19-Pandemie erhielt. Chefvirologen haben in der Zeit einer Pandemie vermutlich genug zu tun. Dennoch hat Christan Drosten – wie viele seiner Kolleginnen und Kollegen auch – als Kommunikator Verantwortung übernommen. Mit dem Ergebnis, nach wenigen Wochen zur Angriffsfläche für Anfeindungen zu werden. Später wurde er für den Lockdown mit all seinen negativen Folgen verantwortlich gemacht. Und dennoch hat er sich anfänglich jeden Tag, später einmal die Woche, Zeit für einen halbstündigen Podcast beim NDR genommen, in dem er über den jeweils aktuellen Stand der Pandemieentwicklung informiert hat.

Verschwörungstheorien sind typische Begleiter von Krisen – nicht erst seit Facebook, Instagram und Twitter. Während der großen Pestepidemien wurden Juden bezichtigt, Brunnen vergiftet zu haben. Der erste Weltkrieg endete mit der Dolchstoßlegende, die von der deutschen Heeresleitung eingefädelt wurde. Heute, so die Verschwörungsthese, will Bill Gates die Menschheit mit Nanopartikeln unter seine Kontrolle bringen. Das Virus entstamme einem Labor in Wuhan – eine Mutmaßung, die sich wacker hält. Die Anhänger dieser Theorien treffen sich nicht mehr im begrenzten Raum einer Stadt oder Region, sondern irgendwo und jederzeit. Gibt es Verschwörungstheorien in Organisationen? Es ist nicht auszuschließen. Wahrscheinlicher sind Mutmaßungen und Gerüchte, die sich im Kommunikationsvakuum bilden. Führung hat die Chance, dieses Vakuum zu füllen.

5.3   Remote: Aus der Distanz Nähe schaffen

Virtualität ist keine Folge von Covid-19. Für viele war sie schon lange Alltag[1]. Für andere ist sie neu, setzt sich aber schnell durch. Jetzt heißt es den richtigen Knopf drücken, Blick in die Kamera, Mikro auf ‚an'. Die gute Nachricht: das klappt. Stabilität und Leistungsfähigkeit der Netze sind enorm. Vor wenigen Jahren blieb jeder zweite verpixelte Skypeanruf irgendwann im Orkus stecken. Aber: Wer vor Covid-19 als Führungskraft nicht präsent war, wird durch die Virtualität nicht noch weniger präsent. Und genau das ist jetzt gefordert: Führungspräsenz. Dafür braucht es Kompetenzen, die die Besonderheiten des Mediums betreffen (virtuell moderieren, Vertrauen über Distanz aufbauen, den Dialog aus der Distanz führen). Nur: was Führungskommunikation wirksam macht, hat sich eben nicht geändert. Wer also vor Zoom als Führungskraft nicht im Dialog mit seinen Teams war, ist es auch jetzt nicht. „Unser Chef hat uns in den ersten acht Wochen des Lockdowns nie gefragt, wie es uns geht, wie es läuft oder ob wir etwas brauchen", berichtet die Mitarbeiterin eines mittelständischen Unternehmens. Umgekehrt gab es auch vor Covid-19 Führungskräfte mit einem guten Gespür dafür, welche Wirkung ihre Präsenz und der Dialog mit Menschen in schwierigen Situationen haben. Sie sind virtuell so präsent wie schon zuvor– mit dem Bewusstsein, dass sie damit die Basis des Miteinanders stärken und Halt geben.

Homeoffice bedeutet einen Einschnitt, durch den sich Beruf, Familie und Haushalt zum Dauerstress auswachsen können. Haben dies nicht schon genug Frauen öffentlich bezeugt? Umso berechtigter die Frage, was eine Führungskraft davon abhält, sich mit offenem Visier zu zeigen, den Austausch zu fördern und dafür zu sorgen, dass alle mit ihren Sorgen gehört werden? Alle einzubinden, um beste Lösungen für die neue Situation zu finden? Wir wissen aus der Forschung, dass daraus psychologische Sicherheit entstehen kann. Wenn sich Menschen mit ihren Ideen, Standpunkten und Nöten gehört fühlen, arbeiten Teams effektiver zusammen. Das ist gilt auch für Remote Work. Virtualität heißt, den Kanal zu

---

[1]Sony führte die Technologie in den 1980er Jahren weltweit ein, ab dann nutze sie die Bundeswehr, Redaktionskonferenzen der BILD-Zeitung waren schon um 1990 virtuell.

wechseln. So wie nach der Erfindung des Telefons. Was Führungskommunikation wirksam und wirkungslos macht, hat sich dadurch im Kern nicht verändert.

5.4   Eindeutig informieren: Pyramide

Tägliche Informationsveranstaltungen sind unsere Wegbegleiter in der Krise. Präsidenten, die Bundeskanzlerin, das Robert-Koch-Institut, der Gesundheitsminister, die Ministerpräsidenten, Vorstände, Geschäftsführer, Gewerkschafter – bis hin zum Team- oder Gruppenleiter: Alle haben die gleiche Aufgabe. Menschen regelmäßig möglichst klar und eindeutig zu informieren. Sie darüber auf den neuesten Stand zu bringen, was an Information, Entscheidungen, Bestimmungen, Regeln und noch offenen Punkten mitzuteilen ist. Dass Krisen einen höheren Informationsbedarf auslösen, dokumentiert die drastisch gestiegene Nutzung von Informationsmedien und -quellen. Die rhetorische Form der Nachricht ist die Pyramide, die in der Antike Urteilstil hieß. Ein Dreieck, dass Information nach Wichtigkeit von oben nach unten sortiert –heute Elevator Pitch oder Top Down Kommunikation genannt (siehe Abb. 5.1). Um zu vermeiden, dass Botschaften wie diese raus gehen: „Auch wenn noch nicht alle relevanten Informationen geliefert worden sind haben wir jetzt wahrscheinlich den Zeitpunkt, auch wenn einige sagen, dass die Datenqualität unzureichend sein wird, an dem wir zu diesem Thema einer Entscheidung über mögliche Lockerungen näherkommen."

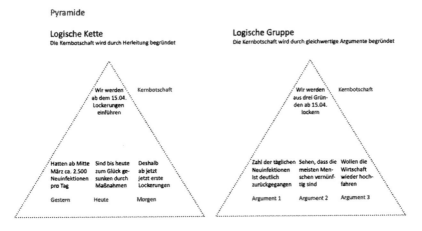

Abb. 5.1 Andreas Seitz

Stärken der Pyramie:

- Einfach kürzbar – daher die Bezeichnung Elevator Pitch.
- Leicht merkbar durch Struktur.
- Legt eine klare Agenda fest.
- Informiert über das Wesentliche.

5.5   Zugang schaffen: Trichter

Menschen sind mündige Wesen und entscheiden selbst, welcher Information sie glauben, welcher Empfehlung sie folgen oder welche Bestimmung sie einhalten. Je länger der Lockdown dauerte, desto intensiver wurde dieser Punkt diskutiert. Im Sinne der Mündigkeit kommt eine andere Form zum Tragen, die in der sokratischen Dialektik ihren Ursprung hatte und die Sokrates selbst Hebammenstil nannte. Im Hebammen- oder Gutachterstil wird der Zuhörer zunächst durch einen Gemeinplatz abgeholt, auf ein Problem aufmerksam gemacht, durch Fragen einbezogen und an der Herleitung einer Lösung beteiligt, sodass er die Lösung im besten Fall selbst ausspricht. In der Organisationswelt heißt diese Form Bottom up oder Trichter (siehe Abb. 5.2), ein aktuelles Buch von Stefan Wachtel beschreibt ausführlich die Ausgestaltungsmöglichkeiten des Trichters.[2]

Stärken des Trichters:

- Holt Zuhörer ab
- Baut Spannungsbogen auf
- Zuhörer können Lösung selbst aussprechen
- Überzeugt vom Wesentlichen

Der Trichter ist Prozess und Narrativ zugleich. Als Prozess beteiligt er Menschen, als Narrativ schafft er Identität, Identifikation, Wertschätzung und den Ausblick auf eine attraktive Zukunft, zu der jeder Zuhörer beitragen kann.

---

[2]Dr. Stefan Wachtel, *Das Zielsatzprinzip,* Wie Pointierung unsere Wirkung erhöht, 2020.

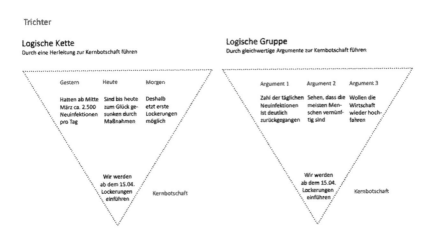

Abb. 5.2 Andreas Seitz

Barack Obama lieferte 2008 mit der Rede zu seinem Wahlkampfteam ein lehrreiches Beispiel, das genau dieser Struktur folgte. Dabei verbindet er Wertschätzung („ihr habt uns dahin gebracht, wo wir jetzt sind") mit Appellen („Jeder von uns muss noch härter arbeiten, ich muss ein besserer Kandidat werden") mit kategorischen Aussagen über die Zukunft („Wir müssen gewinnen", „wir können Geschichte schreiben").[3]

In der Covid-19-Krise ist diese Struktur in der Fernsehansprache von Frank-Walter Steinmeier im April 2020 erkennbar.

- **Zugang durch Common Ground:** „In wenigen Stunden beginnt das Osterfest. Draußen erblüht die Natur und wir sehnen uns hinaus ins Freie und zueinander."
- **Gestern:** „So waren wir es gewohnt, so gehörte es dazu."
- **Heute:** „Doch dieses Jahr ist alles anders… Wie wird es weitergehen?… Die Pandemie zeigt uns, ja, wir sind verwundbar … Sie zeigt uns auch, wie stark wir sind…Schon heute können wir sagen, jeder von Ihnen hat sein Leben radikal geändert."

---

[3]Barack Obama speaks to HQ staff & Volunteers, https://youtu.be/bnhmByYxEIo.

- **Morgen:** „Die Welt danach wird eine andere sein... Ich glaube, wir stehen jetzt an einer Wegscheide .... Entweder jeder für sich, Ellbogen raus... oder bleibt das neu erwachte Engagement für den anderen, für die Gesellschaft?... Wir können eine Gesellschaft sein mit mehr Vertrauen, mit mehr Rücksicht, mit mehr Zuversicht... Wir können und wir werden auch in dieser Lage wachsen."[4]

5.6   Die Vision Journey – gemeinsam in die Zukunft

Der Trichter ist auch eine Blaupause für die Coachingrolle von Führungskräften. Durch Fragen werden die Ressourcen des Coachee einbezogen, am Ende spricht er die Lösung seines Anliegens selbst aus. Dieser Prozess der Hilfe zur Selbsthilfe lässt sich in größeren Gruppen als Vision Journey anwenden (siehe Abb. 5.3). In dieser gestalten Menschen die Zukunft ihrer Organisation oder ihrer Teams gemeinsam. Führungskräfte agieren dabei als Teilnehmer oder Moderatoren, die wiederum durch Fragen die Ressourcen der Gruppe aktivieren und die Journey vorantreiben. In Bezug auf Covid-19 sind Zukunftsentwürfe Grundlage für die Handlungsfähigkeit von Menschen. Bernhard Pörksen, Professor für Medienwissenschaften an der Universität Tübingen, hat im Mai 2020 auf das Fehlen eines attraktiven Zukunftsbildes in der öffentlichen Kommunikation über Covid-19 hingewiesen – aus seiner Sicht eine verpasste Chance, den Weg aus der Krise in eine andere und am Ende bessere Zukunft zu zeichnen. Aber auch das Risiko, dass sich durch das Fehlen einer gemeinsamen Journey Spaltungsrisse verbreitern. Das gilt für Gesellschaften, Gemeinschaften und Organisationen.[5]

Wenn es also darum geht, Menschen nicht nur zu informieren sondern mit auf den Weg in die Zukunft zu nehmen und in die Lösungsorientierung zu bringen, ist dieser 3-Schritt eine wirkungsvolle Kommunikationsform. Durch die Beteiligung vieler steigt die Akzeptanz der Lösung. Gleichzeitig dürfen wir nicht vergessen, das Alte zu würdigen. Im Transformationsfieber blicken Organisationen auf Big data, KI und Automatisierung und vergessen dabei manchmal, welche Werte und Tugenden der Vergangenheit erhaltenswert sind.

---

[4]Frank-Walter Steinmeier https://youtu.be/9zUtmD6snn4.
[5]In *Anne Will* am 17.05.2020.

Vision Journey

Gestern

Würdigung des Erreichten,
Wertschätzung der Menschen,
Stolz, Abschied, Trauer, was
uns ausmacht, Erinnerungen,
Anekdoten, Werte, Tugenden,
Errungenschaften

Heute

Was nehmen wir mit in die
Zukunft? Was lassen wir
zurück? Was machen wir
anders? Vor welcher Herausforderung stehen wir?

Morgen

Unser Entwurf der Zukunft.
Welchen Beitrag werden wir
leisten? Woran werden wir
merken, dass uns unser
Handeln dort hin führt?
Welche Stolpersteine erwarten wir? Wie werden wir mit
ihnen umgehen?

Abb. 5.3 Andreas Seitz, Be in touch GmbH

5.7 Storytelling – Wirklichkeit Bedeutung geben

Narrative prägen unsere Wirklichkeitskonstruktion. Denn wir Menschen haben ein Geschichtenohr. Mündlich überlieferte Geschichten prägen unsere Kultur. Sie sind das narrative Grundgerüst für alle nachfolgenden Versionen – deshalb ist Homers Odysee auch in den aktuellsten Marvel-Verfilmungen erkennbar. Geschichten stiften Identität, vermitteln Werte und sind lehrreich. Ihr Charakter ist bildhaft, nicht abstrakt, emotional und nicht sachlich. Die Bibel enthält Geschichten, aber kaum Daten. Narrative bleiben im Gedächtnis von Menschen hängen. Immer mit dem Potenzial, an die nächsten Generationen überliefert zu werden. Das Narrativ der Garagen-Startups im Silicon Valley, der Champions aus dem deutschen Mittelstand oder schnell wachsender Megastädte in China. Sie alle prägen unsere Wahrnehmung. Welche Narrative entstehen in der Covid-19-Zeit? Führung kann aus der persönlichen Betroffenheit berichten: Wie habe ich den Lockdown erlebt? Was habe ich über Remote Work gelernt? Mit welchen Hoffnungen blicke ich auf die nächsten Monate? Wie nehme ich uns als Team, Organisation oder Gesellschaft wahr? Welche Chancen und Herausforderungen sehe ich? Welche anderen Geschichten habe ich gehört, die bedeutungsvoll für unsere Situation sind?

5.8   Einfühlkompetenz: Andocken und Halt geben

Kommunikation ist das, was beim Zuhörer passiert. Die andere Seite gibt dem eine Bedeutung, was sie wahrnimmt. Der vielleicht häufigste Fehler in der Führungskommunikation: Sich auf logische Verlautbarungen durch Zahlen, Daten und Fakten zu beschränken, um für Entscheidungen zu werben. Covid-19 hat gezeigt, dass daraus Unverständnis und Ablehnung entstehen kann. Das ist eine wichtige Erkenntnis für alle, die in der Krise Führungsverantwortung tragen. Vorstände, Geschäftsführer, Teamleiter, Leiter von öffentlichen Einrichtungen und Behörden, Leitern von Krisen- und Einsatzteams und Politiker. Sie alle sind auch als gute Übersetzer und Zuhörer gefordert, um Zugang zu den Ängsten und Sorgen von Menschen zu bekommen, so zur Entlastung beizutragen und gemeinsam ein neues Narrativ zu schaffen, das nicht nur Verständnis bewirkt sondern Hoffnung weckt. Wir Menschen wollen mit dem gehört werden, was uns bewegt. Dann zählt die Empathie der Führung, also das Reinversetzen in die Gefühlslage von Menschen. Die Fähigkeit, die vielfältigen Perspektiven für neue Entscheidungen zu nutzen und durch gutes Zuhören möglicherweise in völlig neue Lösungsräume vorzustoßen. Das schafft Nähe und gibt Halt.

Wenn von der modernen Führung als Dienstleistung die Rede ist, dann gehören aktives Zuhören und durch kluge Fragen Ressourcen bei Menschen zu aktivieren zu ihrem Handwerkszeug. Das erlaubt Führungskräften, scheinbar widersprüchliche Standpunkte und Informationen so lange in der Schwebe zu halten, bis sich aus der Debatte unterschiedlicher Positionen eine Lösung auf einer anderen Ebene herausschält. Das ist auch ein Weg aus der Überforderung der Führung, solche Lösungen selbst zu liefern.

Verunsicherte Menschen brauchen Orientierung und, wenn kein fester Fahrplan vorliegt, zumindest eine Richtung. Die Exit-Debatte forderte einen einheitlichen Plan, sein Fehlen wurde als föderales Chaos bewertet. Umso wichtiger war es, Orientierung auf anderen Ebenen zu geben: Durch die wiederholte Überzeugung, dass im Tanz mit der Kurve ein Schritt nach dem anderen gemacht werden muss. Ohne in Abrede zu stellen, dass daraus Widersprüche entstehen.

5.9 Zugehörigkeit schaffen

Bundespräsident Frank-Walter Steinmeier sagte 2018 in einem Interview mit der Zeit: „In Zugehörigkeit steckt ‚Zuhören' und ‚Gehört werden'. Es liegt an uns, diesen Zusammenhang gerade jetzt zu erkennen"[6] . Das menschliche Grundbedürfnis dazu zu gehören, Teil einer Gemeinschaft zu sein, verstärkt sich in Krisen. Umso deutlicher kommt hier die ursprüngliche Bedeutung des Wortes Kommunikation zum Tragen: ‚Wir machen etwas zur gemeinsamen Sache'. Erst später wandelte sich die Bedeutung in Richtung Mitteilung und Information. Kommunikation schafft den Gemeinplatz – oder positiver ausgedrückt den Common Ground. Common Ground drückt Gemeinsamkeit, Nähe, geteilte Betroffenheit, Interessen und Ziele aus. Das ‚Wir' ist der einfachste Ausdruck des Gemeinsamen. Die Covid-19-Krise ist ein Common Ground, weil wir alle betroffen sind; „tiefste Rezession seit Kriegsende", „außergewöhnliche Belastung für alle", „Herausforderung für die Gesellschaft". Wer als Führungskraft gut zuhört, erkennt den Common Ground und hebt das hervor, was uns verbindet: „Ihnen gilt unser Mitgefühl...", „Der Einsatz der Pflegeteams verdient unsere Anerkennung...".

5.9.1 Deep Listening – Zugang zu neuen Lösungsräumen

Wie geht Zuhören? In erster Linie durch Interesse und Neugier. Interesse an Menschen und dem, was sie bewegt. Neugier auf das, was kommt und in Zukunft möglich ist. Sind Führungskräfte gute Zuhörer? Eher zu selten. Aber in der Krise ist Zuhören extrem wichtig, um Nähe zuzulassen und besser zu verstehen, was Menschen bewegt, auf ihre Ängste und Sorgen einzugehen und Ihnen das Gefühl zu geben, gehört zu werden. Außerdem fängt die Vielfalt in Organisationen erst

---

[6]Zeit, Redemanuskript von Frank Walter Steinmeier, 23.09.2018.

dadurch an zu leben, dass sie gehört wird. Zuhören ist also auch die Voraussetzung dafür, die kollektive Intelligenz einer Gruppe für potenziell bessere
Lösungen zu entwickeln. Für diese Art des Zuhörens sind die Begriffe *deep
listening* oder *generative listening* entstanden – durch Zuhören Zugang zu unter-
oder unbewussten Ressourcen schaffen.

5.9.2   Moderieren – Dialog gestalten

Die wichtigste Grundlage des Moderierens ist das Aktive Zuhören: Aktivierende
Fragen stellen, Komplexität vereinfachen und zusammenfassen, gegebenenfalls
mit eigenen Worten verständlich machen, Emotionen offen aussprechen, Aussagen wiederholen. Man entfacht den Widerstreit der Positionen, lädt die Stilleren
in die Debatte ein und schafft Vertrauen dafür, dass auch kontroverse oder gegen
den Konsens verlaufende Einschätzungen und Standpunkte ohne Risiko ein-
gebracht werden können. Diese gesunde Auseinandersetzungskultur unterscheidet
Organisationskulturen maßgeblich von denen, in denen die Vorsicht oder gar
Angst vor negativen Konsequenzen zur Zurückhaltung führen. Während sich in
der einen Kultur Vielfalt nach außen zeigen darf und in beste Lösungen fließt,
reproduziert die zweite Lieblingslösungen und -strategien Einzelner. In der einen
fühlen sich Menschen wirksam und tragen bei, in der anderen werden sie zu
Beobachtern, die sich ihren Teil denken und immer stiller werden.

Menschen in ihre Kraft bringen 6

Menschen in ihre Kraft zu bringen, zu beteiligen und neue Kompetenzen zu entwickeln, um auf die Herausforderungen der Zukunft vorbereitet zu sein, ist ein wesentliches Merkmal gelingender Führung in der Krise. Auch Agilität lebt vom Empowerment der Menschen in Organisationen. Die Krise braucht agile Teams, die selbstorganisiert arbeiten. Einige der agilen Methoden (Scrum, Design Thinking, Kanban etc.) bringen Menschen in die Selbstwirksamkeit. Dadurch entsteht Beteiligung und Motivation. Im Zuge der digitalen Transformation machten viele Organisationen den Schritt vom Wasserfallmanagement (Plan-Build-Run) zum Experimentieren, Testen und kontinuierlichem Verbessern durch Feedbackloops. Damit waren Teams in der Lage, responsiv zu agieren und Marktveränderungen, veränderte Kundenwünsche und technische Innovation zu berücksichtigen. All das entspricht den Prinzipien, die das Manifest der agilen Softwareentwicklung propagiert hat.

In gewisser Hinsicht war das ein Vorgriff auf die Anforderungen der Covid-19-Krise. Denn wenn hierarchische Organisationen versuchten, dem schnellen technologischen Wandel hinterherzukommen, in dem sie durch Agilität mehr Flexibiltät und eine höhere Dynamik schufen, werden sie spätestens jetzt gar keine andere Wahl haben, als das starre Silodenken der Top Down-Struktur aufzugeben und Zusammenarbeit beherzt neuzudenken – sonst wären Remote Work und das allmähliche Hochfahren der Produktivität nicht möglich gewesen. Covid-19 schafft eine „Wir tasten uns ran"-Kultur – eventuell über einen längeren Zeitraum im Wechsel zwischen Lockdown und Exit. All das ist ein großes Experiment, das nur durch Erfahrungslernen gelingen kann. Keine Führungskraft kann jetzt sagen, was in einem halben Jahr sein wird – das macht mittel- und langfristige Planung noch schwerer als im hohen Veränderungstempo der Digitalisierung, die im Übrigen parallel weiterläuft. Selbstorganisation bietet

Organisationen die Chance, im Tanz mit der Kurve noch flexiblere Formen der Zusammenarbeit zu entwickeln.

Unsere ganze Gesellschaft ist agil geworden – auch wenn der Lockdown das Gegenteil suggeriert. Wir suchen täglich nach neuen Lösungen, verwerfen frühere Glaubenssätze („Masken bringen nichts"), handeln pragmatisch (Plexiglas allerorten) und müssen flexibel in der Umsetzung bleiben. Christian Seifert, Geschäftsführer der Deutschen Fußball Liga, sagte zur Wiederaufnahme des Spielbetriebs: „Das Ziel bleibt, dass wir spielen. Aber ob wir das Konzept wie geplant umsetzen, kann ich Ihnen heute nicht sagen."[1] Wäre das vor Corona im Profifußball vorstellbar gewesen? Schulen experimentieren, wie ein halbwegs erbaulicher Schulbetrieb funktionieren kann – vom rollierenden System verschiedener Klassenteile, klugen Wegekonzepten zur Vermeidung von Staus bis zur Ausgestaltung der Klassenräume zur Abstandswahrung. All das wäre ohne das Empowerment der Menschen nicht denkbar. Die schnelle Veränderung mit jeweils neuen Erkenntnissen darüber, was funktioniert und was nicht, verlangt einen hohen Grad der Selbstorganisation vor Ort. Denn nur so nutzen wir alle kreativen Ressourcen und vernetzen die Bereiche und Disziplinen, die voneinander lernen können.

Das verlangt von der Führung einiges ab. Legt man der Situation das Barrett Values Modell aus Kap. 3 zugrunde, sind die Werte auf den Stufen 5 bis 7 entscheidend, um wirksam zu bleiben: Lernen fördern, Teams entwickeln und wirksam machen, langfristige Kollaboration ermöglichen, crossfunktional denken und handeln, einen Beitrag zum Gemeinwohl leisten. Das sind exakt die Werte, die bereits vor Covid-19 den Anforderungen an agile Führung entsprachen. Wenn Führung auf diesen Ebenen effektiv handelt, richten sich Macht und Einfluss neu aus. Aus einer hierarchischen Organisation wird eine flache Hierarchie. Das Organisationsdesign passt sich an tatsächlich gelebte Rollen und Teamkonstellationen an – nicht umgekehrt.

6.1   Skills für die Zukunft entwickeln

Die Kultur der Krise ist eine Lernkultur. Die beste Chance, den Übergang auf die nächste Stufe organisationaler Reife hinzubekommen. Generell hat sich gezeigt, dass sich schnell lernende und anpassungsfähige Organisationen in der Krise

---

[1]Christian Seifert im Aktuellen Sportstudio, ZDF, am 09.05.2020.

leichter getan haben. Eine Kultur, die Fehler zulässt und sich durch regelmäßiges Feedback ständig verbessert, kann schneller auf sich verändernde Umwelten reagieren. Wer also erst in der Krise damit angefangen hat, sollte diesen Weg konsequent fortführen und dadurch Transformationskompetenz aufbauen. Durch den abrupten Lockdown der Coronakrise sind wir ins kalte Wasser des Remote Work gestoßen worden. Das ist aber noch lange nicht das Ende der Fahnenstange. Wir stehen am Anfang einer ganzen Reihe von Veränderungen. Rollen werden sich massiv verändern, weshalb es klug ist, sich jetzt auf die Phase nach der Pandemie vorzubereiten und die Fähigkeiten für die Zukunft aufzubauen.

Das betrifft Fachwissen, technische Fähigkeiten und viele Soft Skills. Zum Beispiel emotionale und soziale Intelligenz, Konfliktkompetenz und Kommunikation, Kreativität, digitales Knowhow. Insbesondere für die Führung der Umgang mit Widersprüchen und Dilemmata, Bewusstheit über die Wirkung des eigenen Handelns, Coaching und Mentoring. Was sich dabei parallel verändert – ebenfalls durch Covid-19 befeuert – ist die Art und Weise, wie wir lernen. Trainings, Workshops oder ganze Transformationsarchitekturen verlagern sich in einem Ausmaß ins Netz, das wir uns vor Covid-19 nicht vorstellen konnten. Kurze virtuelle Lerneinheiten wie Learning nuggets werden alte Formen des Lernens ergänzen. Entscheidend wird die Frage sein , die den unmittelbaren Kontakt und Austausch zwischen den Peers oder zum Coach, Facilitator oder Mentor brauchen. Präsenzformate werden den Charakter sozialer Events mit einer tieferen emotionalen Wirkung und Verbundenheit haben. Viele spezifische Fähigkeiten werden wir im Internet lernen und uns die Lernangebote selbst aussuchen.

6.2   Menschen beteiligen und Verantwortung schaffen

Welche Kultur macht Organisationen in der Krise überlebensfähig? Welchen Zuschnitt brauchen Organisationen, damit sich Menschen selbst organisieren und als Teams wirksam sind? Das disruptive Moment von Covid-19 zwingt Organisationen, neue und effektive Formen der Zusammenarbeit zu entwickeln. Auch mit der Notwendigkeit, Macht, Verantwortlichkeiten und Rollen neu

zu definieren. Remote Work stellte Führungskräfte plötzlich vor die Heraus-
forderung, auf eine andere Art zu führen – und das betrifft nicht nur Normen,
Regeln und Prozesse in Teams sondern auch das komplexer gewordene
Beziehungsgeflecht, auf das sie plötzlich aus der Distanz einwirken mussten.
Wer zuvor über Command&Control geführt hat, wurde durch Covid-19 auf die
Vertrauensprobe gestellt – das ist jedenfalls die Resonanz aus Gesprächen mit
Führungskräften in Organisationen. Vertrauen wurde zu einer Währung, durch
die Remote Work und Selbstorganisation in Teams besser oder schlechter lief. Im
besten Fall vertrauten Führungskräfte ihren Teams oder haben schnell gelernt, zu
vertrauen. Im schlechtesten Fall haben Führungskräfte erkannt, dass sie lernen
müssen zu vertrauen – vor allem mit der Perspektive, dass Remote Work nach
Covid-19 ein fester Bestandteil der Arbeitswelt bleiben wird.

Durch die Überlegung, welches Organisationsdesign Selbstorganisation und
mehr Eigenverantwortung ermöglicht, sind in der Vergangenheit zahlreiche
Modelle und Ansätze entstanden: zum Beispiel zirkuläres Management (von
Harley Davidson früh umgesetzt), HELIX[2] - oder Teal-Organisationen. Letztere
hat Frédéric Laloux in seinem Buch *Reinventing Organizations* beschrieben
und vor allem viele konkrete Umsetzungsbeispiele genannt, etwa die von Brian
Robertson in seinem eigenen Softwareunternehmens entwickelte Holakratie[3] .
Laloux unterscheidet fünf Organisationskulturen mit jeweils anderen Verteilungen
von Macht und Verantwortung, die mehr oder weniger Selbstorganisation
ermöglichen (siehe Abb. 6.1). Aus der Covid-19-Perspektive gilt : Je höher die
Komplexität des Systems, in dem sich eine Organisation bewegt, desto weiter
außen befindet sich die Kultur, die Organisationen wirksam macht. Je weiter
außen sich der Kulturkreis befindet, desto mehr Empowerment der Menschen
braucht es, damit die Zusammenarbeit gelingt. Führung hat von Kreis zu Kreis
eine andere Rolle und Wirksamkeit.

---

[2]In der Helix-Organisation gibt es zwei Vorgesetzte: Die Führung im Tagesgeschäft und die
Führung mit dem Fokus der Mitarbeiterentwicklung
[3]Holokratie ist eine Organisation gleichberechtigter Beziehungen mit einer größeren Verantwortung auf der Mitarbeiterseite und der Führung, die hauptsächlich die Auflösung von
Unklarheiten moderiert.

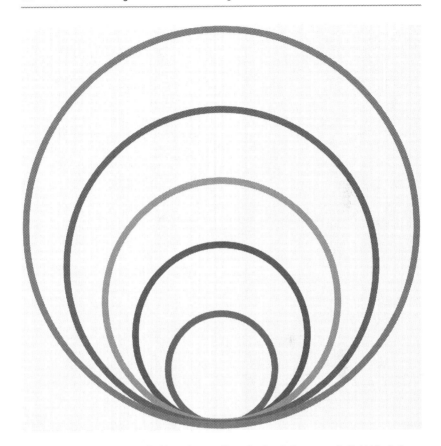

Abb. 6.1 Unterschiedliche Reifegrade von Organisationskulturen nach Frédéric Laloux. (Bildrechte: Be in touch GmbH)

Laloux analysiert diverse Organisationen und identifiziert fünf Organisationskulturen, denen er verschiedene Farben zuordnet. Das Modell zeigt, wohin sich Organisationen kulturell entwickeln und welche Formen der Zusammenarbeit dies ermöglicht. Grundsätzlich gilt: Je höher die Komplexität des Systems, in dem sich eine Organisation bewegt, desto weiter nach außen die Kultur im Modell, die diese Komplexität bewältigen kann. Der äußerste Kulturkreis braucht vor allem Empowerment, damit die Zusammenarbeit innerhalb dieser Organisationsform gelingt. Dadurch verändert sich die Rolle der Führung fundamental.

Die fünf Kulturen:

IMPULSIV: Obrigkeitshörige Kultur. Top-Down-Struktur durch Macht und Angst. Funktioniert gut in chaotischen Situationen. Bsp.: Mafia, Straßengangs.

TRADITIONELL-KONFORMISTISCH: Stark hierarchische Kultur. Top-Down-Struktur basierend auf Stabilität und Kontrolle. Funktioniert gut in langzeitorientierten, sich wiederholenden Prozessen. Bsp.: staatl./religiöse Institutionen.

MODERN-LEISTUNGSORIENTIERT: Wettbewerbsorientierte Kultur. Profitorientierte Struktur auf Basis von Innovation und Verantwortung. Funktioniert gut in kompetitiven Umfeldern. Die Kultur ist dadurch begrenzt, dass Menschen als Maschine betrachtet werden und dass Incentivierung nur begrenz motiviert. Bsp.: Shareholder value getriebene Organisationen, westliche Industrie, Banken.

POSTMODERN-PLURALISTISCH: Familiäre Kultur. Werteorientierte Struktur durch Bekräftigung und Integration verschiedener Interessensgruppen. Funktioniert gut in sozialen, gemeinnützigen Organisationen. Herausfordernd ist die Konsensfindung unter Zeitdruck, da jede Stimme Raum hat. Beispiele: Ben & Jerry's, Southwest Airlines.

INTEGRAL-EVOLUTIONÄR: Sinngesteuerte Kultur. Gleichmäßig verteilte, flexible Entscheidungsstruktur durch Ganzheit und Selbstmanagement. Funktioniert gut in hochkomplexen und volatilen Umfeldern. Bsp.: Butzoorg, Holakratie.

Je komplexer die Umwelt, in der sich Organisationen bewegen, desto hilfreicher ist die Entwicklung der Organisationskultur von innen nach außen.

Reinventing Organizations, Frédéric Laloux

Abb. 6.1   (Fortsetzung)

6.3   Purpose – Warum tun wir, was wir tun?

Über all dem thront der Purpose. Der Sinn, Daseinszweck oder die Existenz-berechtigung einer Organisation. Warum tun wir, was wir tun? Simon Sinek hat vor einigen Jahren die Aufmerksamkeit auf die Warum-Frage gelenkt – mit der Feststellung, dass die meisten Organisationen zwar wissen, was sie wie tun, aber nur wenige wissen, warum sie es tun (siehe Abb. 6.2). Viele Organisationen sehen den Sinn in Umsätzen und Gewinnen – das sind aber nur Ergebnisse. Der Purpose einer Organisation geht weiter und definiert den Beitrag, den eine Organisation für das Gemeinwohl leistet.

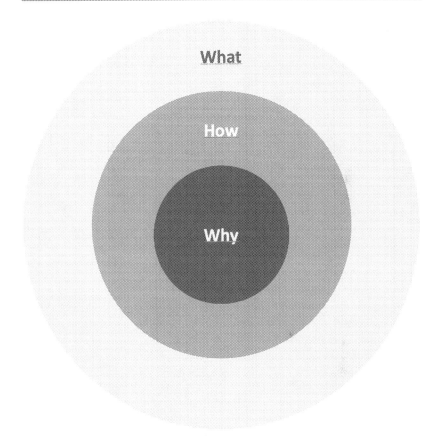

Abb. 6.2   Simon Sinek, Starte mit dem Warum?

Simon Simek – Starte mit dem Warum
- **Was?**
  Jede Organisation weiß, was sie tut, welche Produkte sie herstellt oder welche Dienstleistungen sie anbietet.
- **Wie?**
  Manche Organisationen wissen, wie sie das tun. Durch das Wie? heben sie sich vom Wettbewerb ab oder haben sogar ein Alleinstellungsmerkmal.
- **Warum?**
  Nur wenige Organisationen wissen, warum sie das tun, was sie tun. Viele Organisationen glauben, Umsatz und Gewinn wären das ‚Warum?' Umsatz und Gewinn sind aber nur Ergebnisse. Hinter dem ‚Warum?' verbirgt sich der Sinn, die Existenzberechtigung der Organisation.

Sinn ist darüber hinaus ein wichtiger Motivator. Dan Pink verband den Sinn mit anderen Motivatoren aus der Selbstbestimmungstheorie von Ed Deci and Richard Ryan zu einem Vierklang aus intrinsischen Motivatoren – als verkürzte Antwort auf die Frage: Was treibt uns an? Neben dem Sinn sind das Beziehung (Zugehörigkeit), Herausforderung (durch die Entwicklung möglich ist) und Kompetenz (um sich wirksam zu fühlen). Dabei unterscheidet er zwischen dem Sinn einer Organisation und dem sinnvollen Beitrag Einzelner zu den übergeordneten Zielen der Organisation. Auf die Leistungsfähigkeit und Entwicklung von Menschen in Organisationen übertragen ist dieser Vierklang sozusagen ein ständiger Begleiter (365 Tage), der die kontinuierliche Entwicklung von Haltungen (Mindsets) ermöglicht (siehe Abb. 6.3). Die Aufgabe der Führung besteht darin, mit Mitarbeitenden Herausforderungen zu definieren, dafür benötigte Kompetenzen aufzubauen. Und eine Vereinbarung darüber zu treffen, welchen Beitrag Mitarbeitende leisten wollen, den sie selbst als bedeutungsvoll empfinden. Das alles unter der Voraussetzung der körperlichen und geistigen Fitness.

Die Aristotle-Studie von Google hat den Sinn als weiteren maßgeblichen Hebel für die Effektivität von Teams ausgemacht. Die Sinnhaftigkeit kann sich dabei individuell stark unterscheiden und beispielsweise die finanzielle Sicherheit, die individuelle Selbstverwirklichung oder den Einfluss auf den Erfolg des Teams und der Organisation bedeuten.

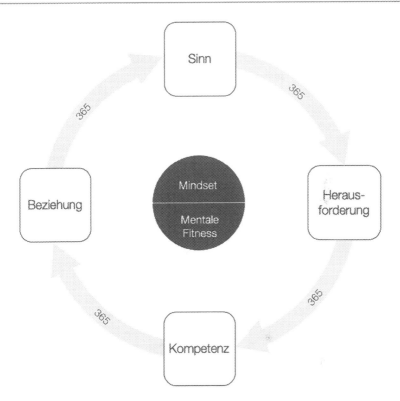

Abb. 6.3 Der Kreislauf kontinuierlicher Entwicklung und intrinsische Motivatoren. (Bildrechte: Be in touch GmbH und Dragan Milicevic)

6.4   Den Sinn in der Covid-19 Krise vermitteln

Das Warum spielt für das Führen von Menschen und Teams in der Krise eine maßgebliche Rolle. Wenn Führen bedeutet, „Leben zu wecken"[4] und Menschen in ihre Kraft zu bringen, dann bietet Covid-19 dafür eine Steilvorlage. Es bedarf enormer Anstrengungen, um die gesundheitlichen, gesellschaftlichen und ökonomischen Covid-19 Risiken zu meistern. Solidarisches Handeln über Systemgrenzen hinweg wird dadurch bedeutungsvoller und Vorbilder dafür hat Covid-19

---

[4]Anselm Grün, Vortrag auf youtube https://youtu.be/ZvRVif7rgTs.

schon früh geliefert: Pflegekräfte und Ärzte im Dauereinsatz, Virologen und Epidemiologen in der Dauerdebatte, alle Menschen in der Versorgungslogistik, Lehrer als Homeschoolingmanager sowie die vielen Menschen in Ämtern und Behörden, die rasche und unbürokratische Hilfe ermöglicht haben: Sie alle handelten sichtbar aus Berufung – selbst wenn sie sich dabei in Gefahr brachten und schlecht bezahlt wurden.

Der Purpose ist auch aus Sicht der Unternehmensberatung McKinsey durch Covid-19 wichtiger geworden: „Wodurch leistet ihr Unternehmen einen einzigartigen, positiven Beitrag für die Gesellschaft? Heute müssen Unternehmen mehr denn je eine Antwort auf diese Frage finden."[5] Inzwischen meinen nur noch sieben Prozent aller Fortune 500 CEOs, dass ihr Unternehmen vor allem auf den Profit fokussieren und sich nicht von sozialen Zielen ablenken lassen sollte. Auch wenn der Fokus auf den Shareholder Value in der Vergangenheit im Durchschnitt einen höheren Wohlstand geschaffen hat, war dieser Fokus nicht in der Lage, die großen Herausforderungen unserer Zivilisation zu lösen. Klimaschutz, Artensterben, Ungleichheit und die vielen offenen ethischen Fragen im Zuge der Digitalisierung – darauf hat eine vom Shareholder Value getriebene Wirtschaft keine Antworten. Covid-19 hat die Notwendigkeit verstärkt, globale Lösungen für die ökologischen, gesellschaftlichen und politischen Herausforderungen zu finden. Unternehmen werden dazu ihren Beitrag leisten können, wenn sie ihren Sinn auf diese Herausforderungen ausrichten. Ein Rückfall in den ergebnisorientierten Shareholderkapitalismus der 90er Jahre würde die Erreichung der globalen Nachhaltigkeitsziele erschweren, wenn nicht sogar unmöglich machen. Auch wenn die Signale vor Covid-19 eindeutig in die Richtung einer Purpose getriebenen Wirtschaft gingen, besteht jetzt das Risiko eines Rückfalls in die Bottomline-Denke früherer Zeiten. Noch im Januar 2020 kündigte Larry Fink als Chef von Black Rock an, man werde als Investor darauf achten, ob Unternehmen nachhaltig handelten. In einem CEO-Brandbrief hatte er kurz zuvor einen verantwortungsbewussten und transparenten Kapitalismus gefordert.[6] Michael Diederich, Vorstand der Unicreditbank, äußerte sich ähnlich: „Wie bauen wir unsere Geschäftsmodelle um, wie bauen wir Anlagemodelle und Wertschöpfungsketten,

---

[5]*McKinsey*, April 2020.
[6]„Eine grundlegende Umgestaltung der Finanzwelt, CEO-Brandbrief auf www.blackrock.com.

um wirklich dann auch sicher sagen zu können: Wir übergeben eine Welt, die auch wirklich noch funktioniert und existiert."[7]

Werden diese Haltungen die Pandemie überleben? Oder werden Organisationen den Purpose unter dem ökonomischen Druck der Krise aus dem Blick verlieren und damit ihre Glaubwürdigkeit und die Chance auf nachhaltige Lösungen verspielen? Wirtschaftlich scheinen Purpose getriebene Business-modelle langfristig die erfolgreichere Strategie zu sein, das hat eine ganze Reihe von Studien belegt. Die Orientierung am Sinn wirkt sich für Organisationen vor allem dann positiv aus, wenn der Purpose mit einem Wertversprechen für die Kunden verknüpft ist – als Paradebeispiel hierfür gilt die amerikanische Lebens-mittelkette Wholefoods, die ihr ganzes Handeln auf den Zweck ausgerichtet hat, „die Menschen und den Planten Erde zu nähren."

---

[7]Michael Diederich am 19.01.2020, Bayerischer Rundfunk.

Mit Kopf, Bauch, Algorithmen entscheiden

7

Kontinuierliche Neuentscheidungen charakterisierten die Krise von Anfang an. Zunächst mehr oder weniger per Verordnung durch Gesetze, Regeln und Normen, um den Lockdown tatsächlich zu einem solchen zu machen. Mit Beginn der Phase zwei ging es darum, welches Register der Orgel wir im Rahmen der Lockerungen jeweils als nächstes ziehen konnten. Der Lockdown wurde auch entschieden, um Ärzte vor einer anderen Entscheidung zu bewahren: der medizinischen Triage – also der Entscheidung, wer bei zu wenig Intensivbetten in Kliniken behandelt wird und wer nicht. De facto fanden sich Ärzte in Ländern wie Italien, Spanien und Frankreich in dieser belastenden Situation wieder. Sie mussten unter Zeitdruck und bei mangelnden Ressourcen schnell Entscheidungen treffen, von denen Menschenleben abhingen. In anderen Bereichen schrumpften Entscheidungsfreiheiten. Zum Beispiel in Organisationen, die durch politische Entscheidungen genau so eingeschränkt waren wie Eltern, die durch die Schließung von Kindergärten und Schulen vor schwierigen Entscheidungen standen: Wie organisieren wir den Alltag zwischen Familie und Arbeit? Können Kinder Zeit bei ihren Großeltern verbringen, die zur Risikogruppe gehören?

Was ist eine Entscheidung? Zunächst eine Festlegung auf eine Handlungsoption, mit der sich Entscheider angreifbar machen. Wenn sie sich nicht angreifbar machen, haben sie keine Entscheidung getroffen, sondern aus der Eindeutigkeit der Faktenlage die nächste Handlung abgeleitet. Dafür wären sie aber nicht gebraucht worden, weil die Faktenlage ja eindeutig war. Entscheidungen sind nur dort erforderlich, wo diese Eindeutigkeit fehlt und sozusagen überwunden werden muss, um eine Richtung festzulegen. Und genau das wird die Anforderung an die Führung sein, bis Normalität eintritt – also vermutlich mit der Impfung der meisten Menschen in 2021 oder 2022. Erst dann wird ein dauer-

A. Seitz, *Durch die Krise führen*, essentials, https://doi.org/10.1007/978-3-658-31025-7_7

haft stabiler Zustand zurückkehren. Bis dahin stehen wir vor vielen Herausforderungen, die jeweils kurzfristige oder langfristige Entscheidungen erfordern.

7.1 Bauchentscheidungen

In der digitalen Transformation wird viel investiert, um durch Big Data, Quantencomputing und Künstliche Intelligenz zuverlässige Vorhersagen über die Zukunft in sich schnell verändernden Umwelten zu treffen. Auch wenn das irgendwann gelingen sollte, wurden Daten und Algorithmen in der Covid-19-Zeit hauptsächlich für die Analyse vergangener Entscheidungen genutzt. Haben wir richtig, zu früh, zu spät oder falsch entschieden? Ein Beispiel, aus der Vergangenheit Handlungsempfehlungen abzuleiten war die Einschätzung, wie die ersten Lockerungsmaßnahmen zwischen gesundheitlichen und ökonomischen Risiken ausbalanciert waren. Durch komplexe Modellierungen definierten die Helmholtz-Gesellschaft und das Ifo-Institut den idealen Mittelweg des R-Faktors (Zahl der Personen, die von einem Infizierten angesteckt werden).[1] Allerdings steckten zu dem Zeitpunkt noch viele Unbekannte im SARS2-Virus, deshalb waren keine wirklich zuverlässigen Aussagen über die Zukunft möglich. Das Problem ist, dass wir vieles über das Virus noch nicht wissen. Dennoch stieg im Verlauf der Krise der Anspruch, von der Wissenschaft eine zuverlässige Zahl als festen Orientierungspunkt für zukünftige Entscheidungen geliefert zu bekommen. Das erinnert an Douglas Adams Roman *Per Anhalter durch die Galaxis,* in dem der Supercomputer *Deep Thought* – speziell für die Frage nach dem Sinn des Lebens gebaut – nach Millionen Jahren die Zahl „42" ausspuckt. Die Corona-Zeit lieferte solche Zahlen in kurzer Zeit, und sie waren wissenschaftlich fundiert: Die Zahl der Infizierten, die Zahl der Toten, die Zahl der Tage bis zur Verdopplung der Infizierten, der schon erwähnte R-Faktor. Jede dieser Zahlen war eine „42"-wissenschaftlich fundierte Erkenntnisse, aber keine endgültigen Wahrheiten, nach denen alle suchten, um darüber zuverlässige und zumindest mittelfristige Entscheidungen zu treffen. Entsprechend mussten Menschen in der Covid-19-Zeit Entscheidungen in dem Bewusstsein treffen, dass sie sich schnell als falsch herausstellen konnten. Da aber genau das eine Entscheidung zu einer Entscheidung macht, stellt sich die Frage: Welche Grundlagen stehen Entscheidern

---

[1]Helmholtz-Gesellschaft und Ifo-Institut, April 2020.

überhaupt zur Verfügung, wenn Daten keine eindeutige Aussage zulassen? Hier hilft ein konkretes Praxisbeispiel:

Beispiel

US Airways-Pilot Chesney Sullenburger landete im Januar 2009 einen Airbus 320 auf dem Hudson River in New York. Kurz nach dem Start vom Flughafen La Guardia fielen nach Vogelschlag beide Triebwerke aus. Sullenburger entschied gegen alle bestehenden Regeln und Procedures, den Airbus mit ca. 150 Menschen an Bord auf Wasser zu landen, obwohl es vorher keinen wissenschaftlichen Beleg dafür gab, dass Verkehrsflugzeuge sicher auf Wasser gelandet werden können. Das Manöver gelang, alle überlebten, die meisten unverletzt. Dazu befragt, wie er wissen konnte, dass die Wasserlandung die beste Lösung war, sagte Sullenburger später, dass er in diesem Moment ewas von seinem Erfahrungskonto abhob, auf das er 40 Jahre lang als Pilot eingezahlt hatte. ◄

Ein anderes Wort für Erfahrungskonto ist Intuition. Ein Bauchgefühl ohne bewusste Schlussfolgerung und ohne Abstimmung mit anderen. Intuition ist eine wesentliche Ressource für Entscheider, immer mit dem Risiko, aus der Verzerrung durch persönliche Erfahrungen zu entscheiden. Aber die Frage, ob ihr Bauchgefühl Entscheidungen beeinflusst, bejahen nach wir vor viele Führungskräfte. Und in der Krise sind Bauchentscheidungen in Notsituationen unumgänglich. Für Gerd Gigerenzer, Psychologe am Max-Planck-Institut und Autor des Buches „Bauchentscheidungen" gilt das aber auch für komplexe und unsichere Situationen wie die Covid-19-Krise. So sagte er in einem Handelsblatt-Interview vor einigen Jahren: „Wir sind mit unseren Untersuchungen am Max-Planck-Institut für Bildungsforschung seit Jahren dem Phänomen auf der Spur, dass man mit einfachen Faustregeln in vielen Fällen schneller, ökonomischer und in vielen Fällen besser entscheiden kann als mit komplexen analytischen Methoden. Weil wir in einer Welt der Unsicherheiten leben."[2]

Auch Steve Jobs entschied nach Bauchgefühl – was ihn 2005 in seiner Commencement-Rede in Stanford zu folgendem Statement veranlasste:

▷ „Wenn Sie in die Zukunft blicken, können Sie nicht erkennen, wo Zusammenhänge bestehen. Das wird erst in der Rückschau mög-

---

[2]Gerd Gigerenzer am 08.06.2009 im Handelsblatt.

lich. Das heißt, Sie müssen darauf vertrauen, dass sich die einzelnen Mosaiksteinchen in Ihrer Zukunft zu einem Gesamtbild zusammenfügen. Sie müssen auf etwas vertrauen - Ihr Bauchgefühl, das Schicksal, das Leben, Karma, egal was. Denn der Glaube daran, dass sich irgendwann die einzelnen Mosaiksteinchen zusammenfügen werden, gibt Ihnen die Zuversicht, dem Ruf Ihres Herzens zu folgen. Auch wenn der Sie abseits der ausgetretenen Wege führt - aber das macht den Unterschied."[3]

7.2   Strukturiert entscheiden

Einer der Regelverstöße von Chesney Sullenburger bestand darin, dass er vorgeschriebene Problemlösungsverfahren nicht angewandt hat. Auch in diesem Verstoß steckt ein Learning für das Entscheiden in Krisen: das kurze Zeitfenster für die Entscheidung (wenige Sekunden) und die Gefahr in Verzug ließ die Anwendung der Verfahren gar nicht zu. Für andere Krisensituationen setzen Piloten und Crews diese Verfahren sehr wohl ein. Und auch hier lohnt sich ein näherer Blick. Das Deutsche Zentrum für Luft- und Raumfahrt entwickelte einen Entscheidungsprozess, der als Standard im deutschsprachigen Raum zum Beispiel bei der Lufthansa zum Einsatz kommt. Das Verfahren verläuft in der Reihung der Buchstaben und kann von Einzelpersonen oder Teams angewandt werden:

[Das FORDEC-Verfahren]

F – Facts	Wie ist die Datenlage? Welche Fakten stehen uns zur Verfügung, welche nicht?
O – Optionen	Welche Handlungsoptionen sind in dieser Faktenlage möglich?
R – Ressourcen	Welche Ressourcen stehen uns dafür zur Verfügung?
D – Decision	Für welche Handlungsoption entscheiden wir uns?
E – Execution	Wie setzen wir die Entscheidung um?
C – Check	Zu welchem Ergebnis hat das geführt?

---

[3]Steve Jobs, Commencement Speech, www.news.stanford.edu.

[DLR – Deutsches Zentrum für Luft- und Raumfahrt]
FORDEC ist nur ein Entscheidungsverfahren neben vielen. Interessant ist der Blick auf die zugrunde liegenden Prinzipien dieser Verfahren. Zum einen entsprechen sie einem typischen Lernmuster menschlicher Entwicklung, nämlich dem Probierhandeln. FORDEC ist sozusagen ein ausdifferenziertes Experimentieren – immer mit der Option, je nach Ergebnis eine andere Handlungsoption anzuwenden und damit eine neue Lernerfahrung abzuspeichern. Zum anderen das Prinzip der eingebauten Feedbackloops, die zum Beispiel auch in agilen Prozessen eine Schlüsselrolle spielen. Also die fortlaufende Überprüfung, ob das gewünschte Ergebnis erreicht worden ist oder ob sich die Situation inzwischen so verändert hat, dass eine ganz andere Entscheidung getroffen werden muss. Und schließlich die optimale Ressourcennutzung, in dem andere in den Entscheidungsprozess einbezogen werden (Co-Pilot, dritter Pilot, andere Personen an Bord). Das entspricht dem partizipativen Führungsstil Die Entscheidung Chesney Sullenburgers, auf Wasser zu landen, war direktiv. Die Krise braucht beides. Im schlimmsten Fall ist die Triage im Krankenhaus direktiv. Die Ausgestaltung des Schulalltags unter Covid-19-Bedingungen durch das Lehrerkollegium im Idealfall partizipativ.

Bei partizipativen Problemlösungen ist die Psychologische Sicherheit ein wesentlicher Faktor dafür, dass die beteiligten Menschen als Team wirksam werden. Denn nur wenn genug Vertrauen im Team und gegenüber der Führung besteht, werden alle mit ihren Standpunkten und Perspektiven beitragen. Dazu gehört, nicht nur Widerspruch zuzulassen und ihn einzufordern. Die Google-Aristotle-Studie hat gezeigt, dass die Entscheidung für den Erhalt psychologischer Sicherheit nicht im Konsens getroffen werden muss. Aber die Erlaubnis zu widersprechen hat entscheidenden Einfluss auf Problemlösungen und damit auf Entscheidungen, welche Handlungsoptionen umgesetzt werden.

Die Wirkung von Widerspruch ist so hoch, dass eine Unternehmensberatung wie McKinsey ihn zum Kernwert gemacht und in seine Teamkultur integriert hat.

Wann idealerweise Daten, Intuition oder Entscheidungsverfahren wie FORDEC zum Einsatz kommen, hängt von der Situation ab. Eine praktikable Landkarte dieser Situationen liefert das Cynefin-Modell von Dave Snowdon.

7.3 Cynefin – Komplexität reduzieren und entscheiden

Die Krise wirkt auf viele Menschen chaotisch und unkontrollierbar. Umso wichtiger ist es, die Komplexität der Situation zu reduzieren, um handlungsfähig zu bleiben und das Gefühl zurückzugewinnen, wirksame Entscheidungen

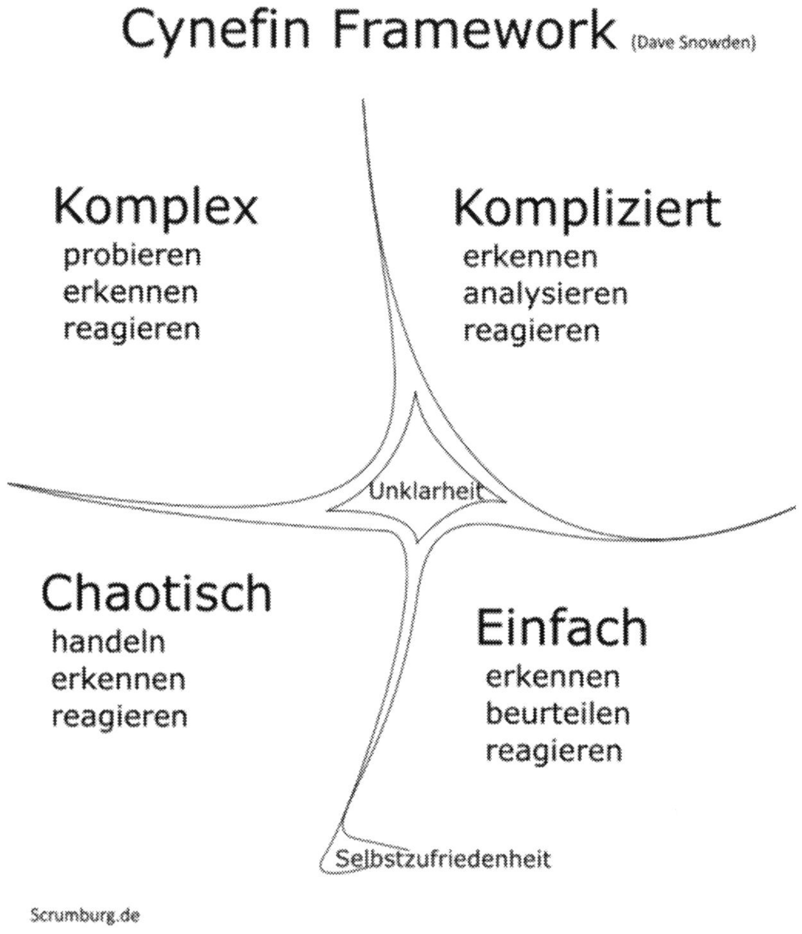

Abb. 7.1 Cynefin, Darstellung von scrumburg.de

treffen zu können. Cynefin (Aussprache Känäwin) veranschaulicht den Zustand einer Umwelt mit allen vorhersehbaren und unvorhersehbaren Ereignissen (siehe Abb. 7.1). Zur Umwelt gehören alle persönlichen bzw. kollektiven Erfahrungen und Wahrnehmungen. Cynefin beschreibt für vier unterschiedliche Zustandsformen dieser Umwelten jeweils dreischrittige Verfahren, über die wir Entscheidungen treffen oder Entscheidungen der sich verändernden Umwelt anpassen.

> **Wichtig**

Einfach	Wahrnehmen, die aus Erfahrung beste Lösung anwenden und das Resultat überprüfen, Lösung ggf. anpassen.
Kompliziert	Wahrnehmen, analysieren und Lösung entwickeln, Resultat überprüfen, Lösung ggf. anpassen.
Komplex	Lösung ausprobieren, wahrnehmen, welche Wirkung die Lösung hat, ggf. neue Lösung ausprobieren.
Chaotisch	Sofort handeln, um Ordnung zu schaffen, Wirkung überprüfen, Lösung ggf. anpassen

Der Sichtflug durch die Covid-19-Krise ist an bestimmten Stellen eine einfache Situation, in der wir beste Lösungen aus der Vergangenheit anwenden können. Zum Beispiel aus der Erfahrung, welche positive Wirkung Quarantäne während der Spanischen Grippe hatte. Als kompliziert lässt sich die Unterbrechung von Infektionsketten einordnen, die nur durch eine Analyse aller Kontaktpersonen und der Bewegungen der Infizierten möglich ist. Für Entscheidungen in komplexen Situationen hilft es, einen Testballon steigen zu lassen, der einen Rückschluss darüber zulässt, ob Entscheidungen das gewünschte Ergebnis bringen oder nicht. Komplex war beispielsweise die allmähliche Lockerung in Phase 2, um nach jedem Lockerungsschritt Erfahrungen darüber zu sammeln, ob das erwünschte Ergebnis eintrat oder nicht. Der Sichtflug ins Ungewisse während der Pandemie mit all den Unbekannten darüber, wodurch sich das Virus wie schnell ausbreitet und wer potenzieller Überträger ist, erforderte andere Entscheidungen. Im Chaos und in der Unübersichtlichkeit darüber, woher welche Infektionsketten kamen, aber in Anbetracht der steigenden Infiziertenzahlen kam der Dreischritt act – sense – respond zur Anwendung: sofortige Schulschließungen, Grenzschließungen, Ausgangssperren. Wir handeln sofort, überprüfen danach das Ergebnis und passen unser Handeln an. Die Krise verlangt responsives Handeln, weil wir nur auf der Basis neu gemachter Erfahrungen einschätzen können, ob die Entscheidung richtig war oder wir auf die jeweils neue Einschätzung der Situation anders antworten. Die schnellen Veränderungen durch Covid-19 konfrontieren Führung geballt mit mit einer für Transformationsprozesse typischen Herausforderung: Entscheidungen für Maßnahmen zu treffen, deren Wirkung wir erst im Nachhinein ermessen können. Deshalb besteht jetzt die Chance für die Führung, den Muskel für solche Entscheidungen für zukünftige Veränderungen zu trainieren.

Ausblick

Raj Sisodia, Autor der Bücher Firms of Endearment und The Healing Organization, hat einmal gesagt, dass es für den Start der Bewusstseinserweiterung von Führung einen Moment des Erwachens braucht[1]. Für Neuro-Guru Gerald Hüther ist das der Moment, „in dem wir mit uns selbst in Berührung kommen"[2]. Ein einschneidendes Erlebnis, das uns vehement aus der Komfortzone bringt und wir gar nicht anders können als mit alten Gewohnheiten zu brechen. Dieser Moment ist jetzt da. Und für Jürgen Habermas ist dieser Moment einmalig: „Eines kann man sagen: So viel Wissen über unser Nichtwissen und über den Zwang, unter Unsicherheit handeln und leben zu müssen, gab es noch nie."[3]

Wenn Führung mit gutem Beispiel voran geht, diesen Moment für den eigenen Reifeprozess nutzt und damit einen Entwicklungssprung für die Menschen in ihrem Wirkungskreis ermöglichen, dann kann die Krise zu einer großen Chance dafür werden, dass die Welt nach Covid-19 nicht nur anders, sondern besser aussieht. „Ordne, kommuniziere und lebe mit der Absicht, die Welt zu heilen" so beschreibt Raj Sisodia die Führungshaltung, durch die das möglich ist. Das fängt im Kleinen an und endet in den großen Weichenstellungen in der Politik, in Wirtschaft und Gesellschaft. Jeder kann dazu beitragen. Aber welche Maßstäbe werden wir anlegen, wenn uns kein Lockdown mehr zum Stillstand zwingt und keiner mehr von Gesichtsmasken spricht? Werden dann die noch eine Stimme

---

[1]Raj Sisodia im Eröffnungsroundtable der 2. Europäischen Conscious Capitalism Conference in Berlin, den ich am 13.09.2019 moderieren durfte.

[2]Gerad Hüther auf der „New Work Experience" in der Hamburger Elbphilharmonie am 07.03.2020.

[3]Jürgen Habermas am 10.04.2020in der Frankfurter Rundschau.

haben, die in der ersten Infektionswelle beklatscht wurden. Christiane Woopen forderte damals zurecht: „Ich wünsche mir eine Gesellschaft, die die Schwachen stark macht." Covid-19 ist die Nagelprobe dafür, ob wir als Gesellschaft das ernst nehmen, was wir uns vor uns in der Krise vorgenommen haben.

Die Krise wird in einem Jahr neu vermessen werden müssen. Wie groß ist dann die gesundheitliche Bedrohung? Wie haben sich ökonomische und politische Kräfte verschoben? An welchen Stellen brauchen wir mehr Zusammenhalt? Was sind jetzt die nächsten Schritte in der Ausgestaltung der Zukunft? Egal wie die Antworten dann ausfallen: die Krise wird ihre transformative Kraft behalten. Führung wird wesentlichen Einfluss darauf haben, ob und wie sich diese Kraft entfalten kann.

Was Sie aus diesem *essential* mitnehmen können

Dieses Essential hat Ihnen einen Überblick verschafft, wie sie als Führungskraft Einfluss auf den Wandel in Zeiten der Krise nehmen können. Dabei lasen sie zunächst, welche Auswirkungen eine Pandemie auf das gesamte System aus Politik, Gesellschaft und Wirtschaft habe. Danach lernten Sie im Kapitel über die Selbstführung, wie stark der persönliche Wandel der Führung Transformation begünstigt oder behindert, welche Dynamik Krisen mit sich bringen und wie sie diese Dynamik im Kollektiv einer Organisation konkret nutzen können. Die zentrale Frage war dann, wie Sie Menschen, Teams und Organisationen durch die Krise führen können und dabei auf unterschiedlichen Ebenen wirksam bleiben – als Kommunikator, Teammanager, Förderer und Entscheider.

© Der/die Herausgeber bzw. der/die Autor(en), exklusiv lizenziert durch
Springer Fachmedien Wiesbaden GmbH, ein Teil von Springer Nature 2020
A. Seitz, *Durch die Krise führen,* essentials,
https://doi.org/10.1007/978-3-658-31025-7

Literatur

Amy Edmondson, Interview auf August Public, März 2020, https://youtu.be/smXjIa7XYdg

Anne Will, 03.05.2020, https://www.ardmediathek.de/ard/video/anne-will/frauen-werden-entsetzliche-retraditionalisierung-erfahren/das-erste/Y3JpZDovL25kci5kZS9lYWJlZTI4ZC1jMGNiLTQ3MDYtOWZiNC0wN2U5MTk3YTExYTU/

Anne Will, 17.05.2020, https://www.ardmediathek.de/ard/video/anne-will/corona-einschraenkungen-waren-und-sind-die-grundrechtseingriffe-verhaeltnismaessig/das-erste/Y3JpZDovL25kci5kZS9jZDJjYTZjNS1lYjkxLTRlMzUtOWZiZC05NDdhNzU5YTY2ZDY/

Barrett Values Center, Global Covid-19 Culture Assessment, https://www.valuescentre.com/?s=covid

BILD, Lehrerblog zu Corona, 01.05.2020, https://www.bild.de/ratgeber/kind-familie/kind-und-familie/lehrerblog-zu-corona-wir-fuehlen-uns-wie-versuchskaninchen-70356130.bild.html

Blackrock.com, CEO Brandbrief, https://www.blackrock.com/ch/privatanleger/de/larry-fink-ceo-letter

Brand eins, Interview mit Frederik G. Pferdt, Sonderheft „Innovation", 2016

Stephen Covey, *Die 7 Wege zur Effektivität*, Prinzipien für persönlichen und beruflichen Erfolg, GABAL, 2018

Jean Delumeau, *Angst im Abendland*, Die Geschichte kollektiver Ängste im Europa des 14. bis 18. Jahrhunderts, Rowohlt, 1988

Carol Dweck, *Mindset*, The New Psychology of Success, How we can Learn to Fulfill our Potential, Ballentine Books, 2006

Frankfurter Rundschau, Interview mit Christiane Woopen, 25.03.2020

Geekwire, Microsoft CEO Satya Nadella warns about the consequences of embracing remote work permanently, https://www.geekwire.com/2020/pandemic-isnt-hurting-microsofts-bottom-line-changes-still-worry-satya-nadella/

Google Aristotle Project, https://rework.withgoogle.com/print/guides

Handelsblatt, Interview mit Gerd Gigerenzer am 08.06.2009, https://www.handelsblatt.com/politik/konjunktur/oekonomie/nachrichten/interview-mit-gerd-gigerenzer-wir-sollten-dem-bauch-vertrauen/3193732.html

Harvard Business Review, *The Neuroscience of Trust*, von Paul Zak

© Der/die Herausgeber bzw. der/die Autor(en), exklusiv lizenziert durch
Springer Fachmedien Wiesbaden GmbH, ein Teil von Springer Nature 2020
A. Seitz, *Durch die Krise führen,* essentials,
https://doi.org/10.1007/978-3-658-31025-7

ifo Schnelldienst, Das gemeinsame Interesse von Gesundheit und Wirtschaft: Eine Szenarienrechnung zur Eindämmung der Corona-Pandemie, https://www.ifo.de/publikationen/2020/article-journal/das-gemeinsame-interesse-von-gesundheit-und-wirtschaft

Institute of Coaching (IOC), Harvard Medical School, Webinar von Beema Sharma und Susanne Cook-Geuther, *Vertical Development: How to Assess, Develop and Coach to Accelerate Leadership Maturity*, am 15.04.2020

Robert Kegan, Lisa Laskow Lahey, *An Everyone Culture: Becoming a Deliberately Development Organization*, Harvard Business Review Press, 2016

Robert Kegan, Lisa Laskow Lahey, *Immunity to Change*, How to overcome it and Unlock the Potential in Yourself and Your Organization (Leadership for the Common Good), Harvard Business Review Press, 2009

Kekstcnc.com, Zweite Internationale COVID-19-Umfrage von Kekst CNC, Repräsentative Umfrage im Zeitraum vom 27.04 bis 01.05.2020, https://www.kekstcnc.com/insights/covid-19-opinion-tracker-edition-2/

Frédéric Laloux, *Reinventing Organizations*, An Illustrated Invitation to Join the Conversation on Next-Stage Organizations, Nelson Parker, 2016

McKinsey, www.mckinsey.com

Reuters, Interview mit Joe Kaeser am 19.05.2020, https://de.reuters.com/article/eu-wiederaufbaufonds-kaeser-idDEKBN22V16H

C. Otto Scharmer und Kathrin Käufer, *Von der Zukunft her führen*, Von der Ego-System zur Ökosystem-Wirtschaft. Theorie U in der Praxis, Carl Auer, 2017

Rajendra Sisodia, Jagdish N. Sheth, and David Wolfe, *Firms of Endearment: How World-Class Companies Profit from Passion and Purpose*, second edition, Upper Saddle River, NJ: Pearson Education, 2014

Der Spiegel, Interview am Andreas Plietker am 09.05.2020, https://www.spiegel.de/panorama/gesellschaft/corona-in-nrw-heimleiter-kritisiert-kommunikation-bei-der-aufhebung-des-besuchsverbots-a-e6c88fed-174c-41a4-8a4a-e55fb3cfbdf0

Süddeutsche Zeitung, Gastbeitrag der Wirtschaftsweisen, 22.05.2020

Andreas Seitz, *Agilität von morgen – Führen in der Zukunft*, Bookboon, 2018

Dr. Stefan Wachtel, *Das Zielsatzprinzip*, Wie Pointierung unsere Wirkung erhöht, 2020

WELT, Frank-Walter Steinmeier https://youtu.be/9zUtmD6snn4

Youtube, Barack Obama speaks to HQ staff & Volunteers, https://youtu.be/bnhmByYxEIo

Youtube, Vortrag Anselm Grün, https://youtu.be/ZvRVif7rgTs

Youtube, Commence Speech von Steve Jobs an der Standford University, https://youtu.be/UF8uR6Z6KLc

Zeit online, Manuskript einer Rede von Frank Walter Steinmeier, https://www.zeit.de/politik/deutschland/2018-09/frank-walter-steinmeier-deutschland-spricht/seite-3

Printed in the United States
By Bookmasters